Recuperando mi *Cuerpo*, mi *Mente* y mi *Espíritu*

por Patricia Gaviria

Moviendo Energías

NOTAS AL LECTOR:
- El tema presentado en esta obra no posee un enfoque científico ni se basa en el campo de la Medicina o la Psicología. Cualquier condición que requiera tratamiento profesional o consumo de medicamentos, por parte del lector, no debe ser suspendida. La autora y editorial no se responsabilizan por ninguna acción que la persona realice después de haber leído el contenido de este texto.
- Mucho material de los libros de Patricia Gaviria es transcrito de unos en otros. Esto lo hace la autora, primero, con el objetivo de enfatizar conceptos que considera de suma importancia. Y, segundo, porque ella es una convencida de que leer un mismo texto incluido en diferentes escenarios, le da al lector una perspectiva nueva y mayor comprensión de las ideas expuestas.
 - Este trabajo hace referencia a la traducción en español (2ª edición 1996) de El Libro de Urantia, publicado por La Fundación Urantia.
© Urantia Foundation -todos los derechos reservados- las opiniones expresadas en este libro son exclusivas de la autora y no necesariamente representan las opiniones de la Fundación Urantia o sus afiliados.   www.urantia.org

Este libro está dedicado a todos los miembros de mi familia; que han sido el estímulo para lograr convertirme en una mejor hija... mejor hermana... mejor esposa... mejor madre... mejor ser humano.

CONTENIDO
*** *** *** *** ***

Introducción

✻✻✻✻✻✻✻✻✻✻✻✻

Hoy recuerdo la expresión de asombro marcada en la cara de mi esposo, al colgar el teléfono, y su mirada triste al transmitirme la noticia que había acabado de recibir: "Nuestro querido amigo, Felipe, se quitó la vida".

¿Cómo podía ser?

Hacía no menos de un año, otro querido amigo había tomado exactamente la misma decisión.

¿Cómo podía ser?

Si ambos eran jóvenes y saludables, económicamente acomodados, con unas familias bien estructuradas y sus pequeños en plena etapa de crecimiento. Unas lindas personas.
Si hace tan poco tiempo estuvimos compartiendo con ellos, y todo parecía estar bien.

¿Cómo podía ser?

La respuesta en los dos casos fue la misma: "estaban deprimidos".

En ese instante, tomé la determinación que, de alguna manera, comenzaría a dar mi testimonio de vida. Me prometí contar mi historia. Narrar el proceso que me permitió cambiar mi destino. Presentar esa *voz interna* que me brindó la fuerza para mantenerme a flote en los momentos de más desespero y angustia. Exponer un concepto diferente acerca de los estados emocionales, especialmente la Depresión. Demostrar que la verdadera esencia del ser humano es estar bien, y recuperar la felicidad es mucho más fácil de lo que jamás nos imaginamos.

¡Y como no hacerlo!

Si lo único que mi alma deseaba, era compartir con los demás la esperanza de seguir viviendo con tranquilidad, ánimo y coraje… si lo único que mi alma deseaba, era retribuirle a Dios la segunda oportunidad que me había otorgado para tomar un rumbo diferente al de mis recordados amigos.

Patricia Gaviria

Prólogo

✱✱✱✱✱✱✱✱✱✱✱✱✱

Nunca olvidaré la sensación tan extraña que tuve al entrar a ese oscuro consultorio, con un personaje, pintoresco en su apariencia, que me esperaba al otro lado de un viejo escritorio.

Al escuchar la pregunta usual de los médicos: ¿Cuénteme qué le pasa? Mi ser se envolvió en un gran suspiro y en un silencio desalentador.

Cómo explicar ¿Qué me pasa? – pensé – ¿Cómo contestar el interrogante que me venía haciendo durante tantos años, y para el cual no tenía una respuesta? ¿Por dónde empezar? ¿Cómo pondría al descubierto las cosas tormentosas que habitaban en mí y que nunca me había atrevido a contarle ni a las personas más allegadas? ¿Cuánto tiempo tomaría narrar todo lo que mi corazón sentía y mi mente conceptualizaba?

¡Me tocaba retomar las piezas del rompecabezas de mi vida e irlas colocando, una por una, en su lugar. Y, tal vez, así, sería la única forma de contestar tan compleja pregunta!

I
Mágica Niñez

Se podría decir que mis primeros años de vida se desarrollaron de una manera agradable. Nací en una linda familia donde el amor, la ternura, la cordialidad y la unión fueron parte fundamental de nuestra educación. Además, crecí en una ciudad pequeña que se caracterizaba por tener gente amable y abierta, brindándome gratos momentos que llevaré siempre en mi memoria.

En general fui una niña sociable, creativa, alegre, curiosa y activa. Me encantaba la música, el arte, el baile y, sobre todas las cosas, me apasionaba aprender. Sin importar el tema, mi mente generaba mil preguntas y trataba como fuera de encontrar respuestas. Lo que me llevó a ser una buena estudiante y a escuchar con atención a las personas que tenían algo para enseñar.

Manejaba las inseguridades comunes de enfrentar lo nuevo cada día, junto con la inocencia característica de los niños en crecimiento. Como por ejemplo, el miedo que me producía creer que el cobertor, ubicado sobre un amplio sillón al frente de mi cama, era un gran monstruo que me observaba detenidamente durante la noche.

Nada me impedía ser abierta y capaz de expresar mis sentimientos tranquilamente a todos los que me rodeaban. Permitiéndome tener buena relación con mi familia, abrir las puertas a muchas amistades, y hasta conseguir algunos noviecitos, que ofrecían una relación solamente de palabra, pues no se atrevían ni a cogerme la mano.

En el aspecto económico, tuve todo lo necesario, y yo diría que mucho más. Pude viajar y conocer diferentes lugares alrededor del mundo que me enriquecieron grandemente. Y mezclado con mi cultura natal, de ambiente tropical, jovial y lleno de grandes contrastes –a veces extremos– generaron en mi inquieta personalidad una visión particular acerca de la vida.

Cuando recuerdo mi niñez, la percibo como un tiempo mágico, lleno de agradables eventos. Pero hay algo que siempre cautiva mi atención… algo que desde muy temprana edad comenzó a formar parte de mi conducta; y, si observamos bien, es un comportamiento común entre todos los niños, sin importar la raza, el sexo o el lugar de nacimiento.

En los momentos que me encontraba jugando sola, natural e instintivamente comenzaba a hablar en voz alta, como si hubiera otra persona a mi lado. Por ello no faltaba el adulto que me interrogara: "¿Con quién estás conversando?".

¡Pero, para ser franca, no recuerdo cuál era mi respuesta!

Lo único que sí recuerdo, es que, en realidad, lo que se daba era un monólogo, donde yo preguntaba e igualmente contestaba. Una auto-comunicación que se convirtió en un juego… un juego que, poco a poco, no sólo se incorporó en mi diario vivir, sino que sería un elemento clave para el desarrollo de mis años venideros…

II
Difícil
Despertar

Mi vida transcurrió de una manera normal y placentera hasta los primeros pasos en la adolescencia –aproximadamente a partir de mis 12 años de edad– cuando todo comenzó a cambiar.

A medida que enfrentaba nuevas experiencias, percibía cómo me iba saliendo del "encantado" mundo infantil e ingresaba en otro diferente para el cual no estaba preparada. Aunque sabía que formaba parte de un gran sistema social, comencé a adquirir conciencia de individualidad y a entender que yo era un ente "único" que pensaba y sentía de una manera independiente. Pero, realmente, sin saber quién era; sin tener conceptos propios acerca de la vida ni gustos particulares que me identificaran en la forma de vestir, de hablar, de actuar, de vivir.

La habilidad de expresarme abiertamente, que me acompañó de niña, fue esfumándose paulatinamente; y llegué a mirar alrededor con timidez y asombro. Se apoderó de mí un sentimiento de inseguridad, casi de miedo, de mostrar a los demás este nuevo individuo que estaba emergiendo; y del cual, yo, poco conocía.
Además, creía que todas las demás personas comprendían el pleno sentido de vivir; que eran

seguras de sí mismas, y controlaban totalmente sus deseos y pensamientos. Por lo tanto, mi seguridad comenzó a aparecer, solamente, cuando alguien más me la proporcionaba.

El decidir cosas tan sencillas como tomar soda o jugo, ponerme el vestido blanco o azul, ir a un lugar o a otro, creaba una tormenta mental tan grande que no me permitía definir nada. Si alguien me dirigía una pregunta directa y esperaba una respuesta concreta, mi corazón se agitaba con fuerza y mis manos se humedecían con el sudor producido por el nerviosismo. Los pensamientos se bloqueaban y la voz enmudecía.

Empecé, entonces, a caminar con la cabeza en dirección al piso; evadiendo en todo momento la mirada de la gente. Aunque lo bueno era que, al final del día, llenaba una cajita con cosas que me encontraba tiradas. Cuando me recogía el bus del colegio, recuerdo, que entraba con la cara agachada; saludaba al conductor con una voz balbuceante; y caminaba por el corredor interno, mirando de reojo, para lograr tomar el primer espacio disponible. Deseando que nadie me mirara ni me hablara. ¡Queriendo desaparecer!

En el salón de clase no me atrevía a alzar la mano para hacer cualquier pregunta o comentario, pues sentía miedo de ser juzgada, de equivocarme; de no estar haciendo o diciendo lo que los demás consideraban correcto; de no encajar en la sociedad de la que, alguna vez, había formado parte.

Mi personalidad en desarrollo generaba ideas y emociones contradictorias. Pues mientras me sentía incapaz de formar parte de la estructura social, al mismo tiempo, tampoco lograba tener mis propios soportes de convicción, firmeza e independencia. Y así fue como comencé a aislarme y a crear un mundo en el cual muy pocos tenían participación.

Pero como digo yo: "No se sabe en qué instante la vida nos tiene reservada una sorpresa", y la actividad que practicaba de niña, de hablar conmigo misma, comenzó a tomar un rumbo inesperado. Ya no eran solamente mis propios pensamientos o palabras las que participaban en el monólogo, sino que entró una segunda "voz" a formar parte del juego.

Realmente no era lo que conocemos como una voz sonora, pues no se escuchaba ningún sonido. Más bien, eran unas vibraciones que se producían en mi mente, como si alguien estuviera escribiendo o imprimiendo información en ella. Parecía una charla amena con otra persona; en donde yo exponía mis conceptos acerca de cualquier tema, y luego, recibía otros diferentes que debía procesar y tratar de entender.

¿La voz de la conciencia? ¿El juego de mi propia mente? ¿Intuición? o tal vez ¿Algún ser espiritual, especial, que me acompañaba?

¡No lo sabía!

Lo que sí recuerdo, es que nunca tuve miedo. Pues este proceso se daba de una manera instintiva y natural, como cuando estaba niña. Era una sensación tan confortable de paz y alegría, que esperaba ansiosamente la hora de acostarme para entrar en comunicación con esa "supuesta voz"; la cual me ofrecía horas de conversación y compartía conmigo esa insistente inquietud de analizar, preguntar y buscar respuestas.

A raíz de estos diálogos, comencé a tomar una perspectiva muy diferente de todo lo que me rodeaba: de la cultura en la que había crecido, de cómo se comportaba y pensaba la gente, de las ideas morales y religiosas que me habían enseñado, del papel de la mujer en nuestra sociedad, del sentido que posee la creación del universo y muchísimos otros aspectos que me inquietaban. Como por ejemplo, el por qué existe tanto sufrimiento, descomposición y desigualdad en nuestro mundo. O el por qué muchas personas de alma noble no logran encontrar paz, calma y un camino de completa realización.

Cientos de los nuevos conceptos adquiridos resultaban muy lógicos para mi entendimiento. Aunque muchos de ellos se sentían tan diferentes a los que manejaba el común de la gente, y parecían tan contrarios a los que expresaban las costumbres marcadas de mi sociedad tercermundista, que comencé a sentir que yo pertenecía a otro mundo lejos del que había nacido.

Esa energía interna envolvía mi ser con una emoción tan especial, que me convencía por completo de la existencia de algo más poderoso, sabio y supremo… algo lejos, pero a la vez cerca… algo desconocido, pero a la vez familiar… algo que habla y no habla. Algo a lo que no lograba darle un nombre en ese momento, pero que indiscutiblemente era real y formaba parte de mí.

Día tras día esa "voz" me confortaba y, de alguna manera, se convirtió en mi compañera y confidente. Sin embargo, para ese entonces, todavía estaba muy lejos de alcanzar una tranquilidad emocional y un entendimiento más claro de lo que realmente estaba sucediendo…

III
Confusa
Realidad

En los años venideros, casi todos los conceptos que fui adquiriendo a través de las conversaciones, se daban tan contrarios a lo que veía y experimentaba a mí alrededor, que lastimosamente la inseguridad, la confusión y un sentimiento de desorientación fueron cogiendo fuerza en mi interior.

Empecé a observar la indiferencia reinante hacia problemas como: miseria, guerra, falta de educación, deficiencia en salud física y mental, y mucho más. Mi razón se abrumaba cuando veía niños tirados en la calle, sin alimento, sin hogar, sin amor, sin vida. Como el irrespeto, la violencia y la muerte se entrelazaban en el mundo cotidiano. Y mi corazón se partía cuando personas buenas y dignas tenían marcada en su cara una amargura de lucha, en un medio que nos les ofrece, ni siquiera, una de las más sencillas condiciones: aprender a firmar su propio nombre.

Notaba como *la mujer* tenía una esencia hermosa y particular, que estaba siendo oprimida por una sociedad patriarcal que le negaba la libertad de actuar, de pensar, de aprender, de ser; y la arrastraba involuntariamente, no sólo a parecer un sexo menos capacitado, en todos los sentidos, sino a desafortunadamente serlo. Pero que si, de alguna forma, se lograra recuperar los verdaderos valores y la fuerza innata del sexo femenino, saldría triunfante y cambiaría el destino de las siguientes generaciones.

Recuerdo que todos los días domingos íbamos al servicio religioso de nuestra iglesia y, yo, escuchaba y observaba atentamente. Muchas cosas se pueden rescatar de estas reuniones, pero, en general, eran demasiadas las preguntas que no tenían respuestas lógicas, y muchas otras, ni siquiera alcanzaban una explicación.

Me rehusaba a aceptar que el ser humano hubiera sido creado para venir a sufrir. Que supuestamente aprendemos y evolucionamos a través de penas y experiencias amargas. Que estamos pagando por cierto "Pecado Original" cometido hace mucho tiempo, y condenados a llevar una cruz, el resto de nuestros días, si no nos arrepentimos de algo que tampoco entendemos. O que Dios está muy lejos y alcanzarlo sólo es permitido para los santos, y los que no nos acerquemos a ser como ellos, nos hundiremos en mundos oscuros de castigo y más sufrimiento.

Pensaba que no somos "pecadores", como nos querían enseñar, sino más bien "aprendices" que estamos empezando un largo recorrido para adquirir una conciencia más alta. Pero esto no nos convierte en seres excluidos por el universo ni, mucho menos, condenados por él.

Me sentía diferente e incapaz de compartir mis sentimientos con nadie más… me sentía extraña, desconcertada. Segura de mis pensamientos, pero insegura de mis emociones.

Estaba convencida que todos tenemos derecho a encontrarle respuestas a nuestras inquietudes. Y como "mi" religión no lograba darme el soporte suficiente que yo ansiaba, decidí tomar otros caminos.

Me embarque en un período de estudio, explorando las diferentes filosofías que predican otras de las más influyentes religiones alrededor del mundo. Pero ninguna logró calmar mi inquietud.

Decidí, entonces, explorar la metafísica, el espiritismo y esoterismo. Actividades como la lectura del Tarot, la mano o el tabaco; juegos para contactar los espíritus; desdoblamiento del cuerpo o viajes astrales; y regresiones hacia las vidas pasadas, entre otras. Desafortunadamente los cientos de palabras y conceptos nuevos como karma, reencarnación, posesiones, videncia y otros, tampoco fueron lo suficientemente claros y lógicos para esclarecer mis dudas. Produciendo más tormenta mental y aturdimiento.

¡Comencé a entrar en una etapa difícil!

Mi corazón se sensibilizaba ante el mundo, pero me sentía incapaz de hacer algo para cambiarlo. Mi mente escuchaba una *voz* que acomodaba los conceptos de vida, sin embargo, nunca contestaba preguntas como: ¿Quién o qué era? ¿De dónde venía? ¿Por qué estaba metida en mis pensamientos? ¿Por qué si era parte de mí, al mismo tiempo se sentía tan ajena? Y aunque seguía buscando con dedicación, el miedo me impedía preguntar abiertamente, pues no quería ser tachada de "loca".

Empezaron a producirse intensos dolores de cabeza crónicos, que me paralizaban por días enteros y terminaban con nausea y vómito. Cada vez más seguido tomaba pastillas para aliviar el dolor; aunque, rápidamente, las dosis normales no eran suficientes, y buscaba medicinas más fuertes que comenzaron a afectar mi cuerpo de otros modos.

Y como si ésto fuera poco, había llegado a la etapa donde se empiezan a afrontar situaciones nuevas en la parte afectiva, al descubrir el amor. Lo que para la mayoría de las personas puede ser una etapa linda y enriquecedora, para mí se convirtió en un proceso difícil y amargo.

Al mirarme en el espejo, veía una niña demasiado flaca, escasamente desarrollada, de color pálido, piel brotada, un pelo como de escoba usada y poco atractiva para el sexo opuesto. Siempre estudié en colegios exclusivamente para mujeres; por lo tanto, un encuentro cercano con un *extraterrestre* hubiera sido más sencillo que entrar en comunicación con un muchacho. Yo era el "patito feo" que nadie quería sacar a bailar en las fiestas y con el cual no se lograba una conversación más larga de medio minuto.

El juicio hacia mi propio ser se fue transformando en auto-rechazo, y toda esta confusión me arrastró a cambiar de rumbo la gran búsqueda.

Esta vez apareció un deseo, casi obsesivo, por encontrar el *príncipe azul* que me diera la felicidad, como nos habían enseñado nuestras historias de cabecera: Blanca Nieves y La Cenicienta. Pensaba que si algún galán protector se fijaba en mí, acabarían los sentimientos de incertidumbre, timidez y ansiedad como por arte de magia. Pues estaba convencida que la amargura se generaba al no tener ese *alguien* que me mostrara cómo disfrutar la vida, me inyectara alegría, me dijera lo linda o inteligente que era, me reafirmara que yo, sí, pertenecía al mundo normal.

Pero entre más me angustiaba por encontrar *un salvador*, más rápido se iban las posibilidades. Y aunque hubiera seguido buscando el resto de mi vida, nunca lo encontraría.

Al final de esta etapa muchos fueron los choques emocionales que experimenté, y serían el comienzo de uno de los períodos más críticos y delicados de mi camino…

IV

Límite de
Mi Realidad

Muchos aspectos de esta etapa –aproximadamente a partir de mis 15 años de edad– comenzaron a extinguir la esperanza de encontrar la llave mágica para salir del hueco emocional en el que me encontraba.

Vivía en un mundo que nadie más parecía percibir, y que, definitivamente, yo, tampoco quería que percibieran. Había días en que lograba comportarme de una manera "normal"; pero en general, mi ser lidiaba una batalla donde, constantemente, luchaba por no sentir lo que sentía… por no pensar lo que pensaba… por no desear lo que deseaba.

El ambiente familiar me brindaba cosas muy lindas, sin embargo, en mi interior solo había conflicto. Deseaba gritar y hacerle saber a toda la gente especial que me rodeaba cómo era mi vida; no obstante, pensaba que ellos ya tenían suficiente con el hecho de enfrentar sus propias dificultades, como para cargar también con mis confusiones y tristezas. Asumía que ésta era una situación que solo yo podía resolver y un dilema netamente mío.

Envidiaba a las personas que mantenían su alegría así enfrentaran problemas graves, pues yo no disfrutaba con nada, y, casi siempre, la risa aparecía en mi rostro de una manera fingida.

Cuando miraba hacia el futuro, mi pensamiento se nublaba sin lograr identificar qué pasaría más adelante. No habían metas, pasiones o sueños para alcanzar. Sentía que yo no servía para nada y, aunque me esforzara, siempre fracasaría en los intentos. Cualquier inconveniente que tuviera que enfrentar intensificaba mi angustia, impidiéndome tomar cualquier decisión. Y la única emoción que predominaba era el miedo.

Cada vez me era más difícil estar activa en la sociedad y hacer las cosas que disfrutaba de niña. No deseaba salir a ninguna parte ni hablar con nadie. Y cuando me veía rodeada de mucha gente, mi corazón se aceleraba, mi respiración se entrecortaba y la zozobra aumentaba. Por eso es que yo adoro los cuartos de baño, pues ellos eran un lugar de refugio cuando quería evadir estas incomodas situaciones; y afortunadamente los hay disponibles en todas partes.

Comencé a experimentar estados a los que nunca imaginé alguien podía llegar.

Las primeras horas de la mañana se convirtieron en un momento desagradable, pues al abrir los ojos manifestaba una gran amargura imposible de disipar. La falta de energía y la apatía permanecían conmigo a toda hora, costándome un esfuerzo sobrehumano cumplir con las responsabilidades. Aunque parecía que fuera *perezosa,* la verdad es que tenía que doblar mi fuerza cuando alguien me pedía algún favor o algo se presentaba que no estuviera en mis planes. Me sentía culpable.

El mal humor se fue convirtiendo en parte del diario vivir. Luchaba por sentir positivamente ante la vida, pero los pensamientos negativos y pesimistas predominaban. Si alguien hacia un comentario de crítica o de algún modo me rechazaba, caía en auto-desprecio y desconsuelo. Sin querer, siempre enfocaba la tristeza y no la alegría. El llanto aparecía sin llamarlo y lo único que me daba un poco de alivio era dormir; llegando a extremos de quedarme en la cama por días enteros, sumergida en una sensación de aturdimiento y frustración.

Hasta los gustos comenzaron a cambiar. Ahora la única ropa que me llamaba la atención era la de tonos oscuros o negra; y cualquier prenda de colores llamativos que tratara de ponerme, creaba un rechazo tan fuerte que debía quitármela de inmediato. Cuando pintaba, únicamente me nacía plasmar caras melancólicas o paisajes desolados y grises. Y como si fuera poco, cada vez aguantaba menos la luz del día, prefiriendo estar encerrada en la oscuridad y el silencio.

Y ni hablar de los constantes malestares físicos que me llevaban a visitar los médicos con bastante frecuencia. No quedó ni un rincón de mi cuerpo por el que no metieran tubos para encontrar la razón de las dolencias. Sin embargo, el diagnóstico era lo que, en estos casos, comúnmente da la medicina convencional: "eso es estrés, no se preocupe".

Empecé a batallar con dos personalidades: la que jugaba a actuar normalmente y la otra que me acorralaba… la que aspiraba salir adelante y la que quería hundirme… la que entendía y la que se confundía… la agradable y la desagradable. A veces lo atribuía a ser del signo zodiacal *Géminis* y la cuestión de las dos figuras que lo representan; pero, al final, nada era coherente. Y no entendía cómo esa *voz interna,* tan auténtica, poderosa y sabia, no lograba aliviar mi condición.

Hacía un esfuerzo por seguir como si nada estuviera pasando. Me agotaba de luchar constantemente y de fingir que era feliz. Mantenía siempre la sensación de cargar una piedra gigante en la espalda y fui cogiendo el perfil de una joven tímida, seria y huraña. Llegando a creer que de verdad yo estaba "loca" y no existía remedio para mi "locura".

¡Muchos fueron los momentos en que quise cerrar mis ojos para nunca más volverlos a abrir, pues el verdadero sentido de la vida parecía esfumarse!

Hoy recuerdo un día en especial. Después de haber tenido cualquier otro de los tantos desengaños que se presentaban a menudo –donde los sentimientos que chocaban con mi lógica afloraban involuntariamente– que supe que había llegado al límite. Mi cuerpo no respondía y mis raciocinios me enloquecían. No soportaba más. Y, envuelta en angustia y llanto, tome la fría determinación de quitarme la vida.

No tenía miedo de hacerlo y, aunque me aterraba el tener esa seguridad, estaba lista para lograr mi cometido. Sabía que causaría mucho daño con este acto, para muchos de cobardía; sin embargo, pensaba que el mostrar la verdadera Patricia sería más devastador.

Afortunadamente el universo movió sus fichas, y en el instante de dar el paso más crucial de mi existencia, la *voz* apareció de nuevo. Más esta vez, no hablaba… esta vez, gritaba:

- *"¡NO! ¡NO! ¡NO lo hagas! No te rindas y escúchame."*

Y aunque yo me rehusaba a prestar atención, contesté:

- Lo lamento. Sí lo voy a hacer. Me siento cansada e incapaz de continuar. No aguanto. Déjame por favor.

Albergaba un sentimiento que se sale de todos los límites de comprensión, pues mi mente estaba consciente, pero, a la vez, se hallaba muy lejos de la realidad. Experimentaba una fuerza mayor que mis capacidades, que me arrastraba a dejarme ir… a dejar de ser… a, simplemente, dejar de existir. Y por otro lado, las vibraciones que se imprimían en mi cabeza de que "me detuviera", retumbaban de una manera impactante.

Fue tanta la tensión entre una energía, que presionaba por un lado, y la otra, que la contrarrestaba, que llegó el momento en que perdí toda la fuerza; desplomándome en el piso, inmóvil y aturdida.

La comunicación continuó por un rato, hasta lograr calmarme un poco. Y hoy recuerdo algunas ideas de las que marcaron mi pensamiento:

- *"¿Has tenido suficiente?"*

- ¿Qué si he tenido suficiente? Por supuesto que he tenido suficiente, de todo. Y por eso estoy haciendo, lo que estoy haciendo. – contesté.

- *"Realmente, a lo que me refiero es si ¿Has tenido suficiente de buscar la felicidad fuera de ti? Te das cuenta que entre más apoyas tu seguridad en los demás... más se aleja. Que entre más te obsesionas por encontrar la verdad en otros... más se esfuma. Entre menos te valoras... menos te valoran. Y entre más le pierdes el sentido a tu ser... más se pierde el sentido de la existencia.*

¿Estás dispuesta a darle un vuelco a tu vida? ¿Es tu voluntad cambiar?"

- ¡Sí! Pero, no sé cómo. – afirmé.

- *"Lo primero y más importante, es el deseo que tu corazón tenga por lograr el cambio; pues nada será diferente si no es la voluntad propia la que lo decida.*

Lo segundo. Coge una hoja de papel y un lápiz y escribe QUIÉN QUIERES SER."

- Pero es que no he podido saber quién soy ni quién quisiera ser. – respondí.

- *"Solamente cierra tus ojos y sueña. No es quién quieren los demás que, tú, seas o lo que las circunstancias te han llevado a ser; es cómo quisieras, tú, ser. Solo imagínatelo y escríbelo. La fuerza y la sabiduría están en tu interior. Confía en tus instintos y nunca le niegues la expresión a tus emociones."*

"Cuando reconozcas tu fundamento. Cuando tu cuerpo, mente y espíritu se coloquen en vibración con la esencia primaria, y decidas ser lo que se debe ser; solamente ese día, comenzarás a palpar lo que realmente eres. Tu verdad está alrededor, pero la escuchas y entiendes en tú interior."

- ¿Entonces, por qué me siento tan mal? – pregunté.

- *"Porque estás negando lo que eres. Te rehúsas a experimentar tu verdadera naturaleza y a dejarla fluir dentro de ti. Con tus pensamientos te empujas a salirte de tu cauce original."*

- ¿Cómo así que mi cauce original? – interrogué.

- *"Quiero que imagines algo. Supongamos que en el momento de tú nacimiento se abre un gran río ante ti. Estás sentada sobre una pequeña barca, anclada, en el nacimiento de éste. Tus ojos contemplan un cauce que le da forma a todo el torrente que fluye adelante, y su imagen se vuelve parte del horizonte después de un largo recorrido. La energía –o en este caso, el agua– va corriendo constante y suavemente, pero lleva la fuerza necesaria para ir arrastrando el barco en su misma dirección."*

"En el punto de tu crecimiento, cuando se amplía la conciencia y tomas tus primeras decisiones morales, sueltas el ancla y tu bote comienza a seguir la ruta que lleva la corriente. Mientras circulas libremente, observas que en cada uno de los bordes, a todo lo largo del arroyo, hay miles de pequeñas 'estancias' –una al lado de la otra– que también se pierden en la distancia. Cada sitio te ofrece algo distinto. Puedes contemplar y recrearte con una inmensa variedad de seres vivos, objetos, olores, sabores, texturas y sonidos; pensamientos, emociones, sensaciones y mucho más."

"Es como una 'plaza de mercado', que logras explorar en tu embarcación."

"Si deseas coger los remos, desplazarte hacia la orilla y bajarte en cualquiera de las moradas, que te llame la atención, ten completa seguridad que algo lindo encontrarás. Cada lugar visitado te proveerá nuevos suministros que puedes guardar en tu navío y asegurarán un buen viaje… suministros indispensables para mantenerte corriente abajo, hacia la desembocadura de tu río: El Núcleo Universal."

"Pero también es tu decisión seguir caminando y adentrarte en las selvas que se extienden detrás de las estancias. Te sumergirás, entonces, en terrenos llenos de obstáculos que se entrelazan e impiden ver algún horizonte; y aunque trates de tumbarlos, cada vez aparecerán más y más. Es un ambiente donde las condiciones no son aptas, y te harán sentir perdida, débil, triste y sin esperanza. ¡Pues todos los elementos que necesitas para sobrevivir, los dejaste en tu confortable medio de transporte!"

"Y si después de transitar gran parte de esa jungla, logras llegar a otra corriente de agua que corre paralela a la tuya, no te montes en el bote que veas, pues estarás destinada a seguir el trayecto que ha sido preparado para otra persona."

"Cada individuo tiene su espacio determinado, y cuenta con un camino propio para llegar al mismo destino que tienen todos los demás. Y aunque, de cierta manera, estás a disposición de la corriente, es decisión propia dónde te quieres bajar; qué quieres aprender o experimentar; y cuánto te quieres demorar en cada sitio, antes de seguir el recorrido."

"Eres dueña de tu cauce y de tu barca; creadora de tu hazaña durante la travesía. Es más, es tu exclusiva voluntad recorrer o no ese río."

"Si no decides quién quieres ser, nadie lo hará por ti; ni siquiera el universo."

A partir de ese instante apareció un sentimiento de esperanza como nunca antes. Por fin, comprobé que el generador para mi transformación estaba más cerca de lo que imaginaba; estaba dentro de mí. Y aunque todavía no poseía claridad *qué* era exactamente, no tenía ninguna duda que había salvado mi vida.

Ese día me prometí que ya nunca más agacharía la cabeza al caminar; y que miraría a la gente a los ojos, sin miedo a ser juzgada por lo que era o lo que pensaba. Que así como yo respetaba a los demás, me respetaría a mí misma; y como valoraba a los otros, así mismo me auto-valoraría. Que pondría en orden todos los conceptos adquiridos y escogería aquellos con los cuales me identificaba. Que aprendería a seguir mi corazón para reconocer mis verdaderos deseos. Y así fuera un viaje complejo, de ahora en adelante, el coraje sería un aliado para encontrar mi destino.

Al escribir QUIÉN QUERÍA SER comencé a obtener conciencia de mi propia realidad, y mucha fue la tranquilidad que experimenté. Lastimosamente mi historia no terminó aquí. Y todavía tendrían que suceder muchos otros acontecimientos, para lograr generar las maravillas que se dieron en años posteriores…

V

Volviendo a Nacer

Grandes cambios se dieron en esta otra etapa – aproximadamente a partir de mis 17 años de edad– que me llenaron de una linda sensación de vida.

No sólo entendí el gran poder que albergaba dentro de mí, sino que cada vez la conexión con la *voz interna* se hacía más fuerte.

Lo primero que recuerdo fue el gran impulso por leer libros de positivismo y auto-estima. Cantidades de autores excelentes brindan información valiosa que permite ir entendiendo y construyendo el amor propio. Y agradezco, de todo corazón, a aquellos que, en algún momento de mi camino, me dieron un empujoncito con sus escritos.

Día a día, fui adquiriendo valor para expresar muchas de las cosas que guardaba internamente. Decidí hablar, preguntar y hasta discutir cualquier tema que estuviera a disposición. Lo más particular de todo, es que de ser la niña tímida, callada e insegura, me fui convirtiendo en la que argumentaba y debatía, con gran entusiasmo, para demostrar mis puntos de vista. Ya poco me importaba hacerle saber a la sociedad que pensaba diferente y no aceptaba muchas de sus condiciones. Y si hay alguna duda, se les puede preguntar a mis ex-compañeras de los últimos años de colegio, que seguramente me recordarán por todos estos atributos.

¡Me sentía como volviendo a nacer!

También recuerdo la dicha tan increíble de haber dejado atrás la obsesión de encontrar a alguien que me rescatara. Por completo había entendido que el famoso *príncipe azul,* que esperé durante tanto tiempo, no habitaba en un reino lejano, sino que tenía sus aposentos en lo más profundo de mi alma. Además, ahora cuando los muchachos se acercaban, asombrosamente yo mostraba una completa seguridad de lo que hacía y hablaba; irradiando una energía diferente que llamaba la atención de los nuevos galanes.

Claro que debo confesar. Si algo me retornaba a sentir miedo, era la hora en que, por fin, lograra la oportunidad de tener lo esperado por siempre: mi primer beso. Gracias a Dios salí triunfante y sobreviví a la experiencia.

Pero faltaba una prueba decisiva en confirmar si realmente había avanzado en mi fortaleza interna: el día que enfrentase una relación seria, y el corazón estuviera totalmente comprometido. Me preocupaba que la fuerza de la costumbre me arrastrara a aferrarme ciegamente a la persona que compartiera conmigo esta vivencia. Felizmente, de nuevo, salí victoriosa. Y en el momento que se terminó este lindo vínculo, tuve el coraje de seguir, con muchas ganas, mi estimulante recorrido.

A partir de allí, muchos fueron los cambios que experimenté: nueva personalidad; nuevo país de residencia, con idioma diferente y un sistema social mucho más apropiado para mí; nuevos estudios, trabajos, amores y amistades. Era tanta la metamorfosis, que hasta la *patita fea* de antes parecía haberse transformado en algo más atractivo. Y le agradezco al universo todas las oportunidades en que logré disfrutar la vida como nunca antes lo había hecho.

Al fin, todo se percibía normal. Como jugando, otra vez, en el mundo mágico de mi niñez; reía, cantaba, bailaba y buscaba inquietamente mil cosas que me permitieran sentir plena. El seguir las emociones y la intuición se volvieron regla general en mi comportamiento. Y aprendí a identificar los medios correctos para lograr mis anhelos.

Pero, infortunadamente, la vida es muy sencilla algunas veces, y otras, se torna complicada; "cuando creemos que todo lo sabemos y, sin embargo, encontramos que todavía muy poco conocemos".

Yo pensé que el haber descubierto *la llave* de mi interior sería suficiente para vivir tranquila, de aquí en adelante. No obstante, pronto me fui dando cuenta que de vez en cuando las sombras de los años anteriores se presentaban como fantasmas. Detalles pequeños, como comentarios, discusiones, canciones, películas o algún recuerdo del pasado, me empujaban de una manera abrupta a experimentar las condiciones que antes predominaban.

Después de un momento elevado de alegría, en cuestión de segundos, mi ser caía en tristeza y angustia. Con una opresión en el estómago y en la cabeza, las lágrimas rodaban por el rostro y la sensación de sentirme extraña reaparecía.

¡No lo podía creer!

A menudo me cuestionaba: "¿Qué está fallando?" y aunque no encontraba la respuesta, empecinadamente ocultaba a los demás esta parte incontrolable de mi existencia. Me fui acostumbrando a vivir, ya no sumida constantemente en pena, pero sí a sobrellevar estados emocionales extremos; donde en un minuto vivía, y al siguiente moría.

Hasta ese momento había adquirido cantidades de elementos que permitieron sentirme mejor, pero comencé a entender que no eran suficientes. Y con la ayuda de la gran fuerza interior, empujándome a seguir el rumbo de mi destino, estaba dispuesta a perseverar en la insaciable búsqueda de ese *algo* que me brindara la estabilidad anhelada…

VI
¿Depresión?

La insaciable búsqueda por encontrar la causa de mi aflicción continuó con grandes cambios y caídas emocionales. Pero, gracias a Dios, el soporte interno todavía me brindaba algo de claridad para tomar decisiones importantes referentes al porvenir; como el día que mi corazón supo que el muchacho con el que acababa de tener una agradable conversación, sería, en un tiempo no muy lejano, la persona para compartir mi futuro en pareja y el padre de mis hijos.

Sentí miedo, no puedo negarlo; mas mantuve la confianza de que era el camino correcto y la hora apropiada para consolidar una relación. Y así fue como a los veinticuatro años de edad, de vuelta en mi país de origen, y después de una encantadora recepción, me convertí en "la señora Patricia".

Había encontrado a alguien seguro de sí mismo, dinámico, alegre y, sobre todo, con unas ganas de vivir contagiosas. Llenos de juventud y cargados de sueños, emprendimos la difícil tarea de colocar en equilibrio dos mundos independientes, completamente diferentes y demasiado obstinados.
Disfrutando de todas las cosas lindas que puede generar el encontrarse con la persona amada, en lo más profundo de mi alma permanecía una leve

esperanza de que por fin yo fuera a estar bien. Bastante difícil se convirtió el seguir ocultando la desagradable condición, pues ya no tenía una habitación para mi sola donde lograra refugiarme como antes; ya no era completamente autónoma, como durante mis años de estudio; ya mi confidente y compañero dejó de ser la *vocecita interna*, cuando comencé a apoyarme en mi nuevo consorte. Y ahora las presiones externas se intensificaban.

Cómo seguir ocultando o justificando actuaciones que parecían absurdas ante los ojos de cualquiera, incluidos los míos: el encerrarme a llorar en un clóset, sin querer salir a atender las amistades que habíamos invitado para una fraternal velada; el sentirme paralizada al escuchar los planes de asistir a reuniones sociales; el quedarme tirada en la cama todo el día, con una pesadez aniquiladora y en el fondo una inmensa culpabilidad; o quizás cuando, frecuentemente y sin razón justificada, se apoderaba de mí un deseo *inexplicable* de golpearme la cabeza contra las paredes.

Qué tan incomprensible puede ser escucharle a alguien, que no le encuentra sentido a nada; que no sabe lo que quiere ni para dónde va; que no ríe ni sueña; que le es imposible describir con claridad sus sentimientos. Y para completar, aunque ama y agradece todo lo que tiene, no desea vivir.

El tratar de defender lo poco bueno que veía en mí, y el buscar alguna excusa para dar razón a mis *anormales* actuaciones, generaba constantes disputas conyugales y un ambiente alejado de lo que podríamos llamar armónico. Toda esta situación revivió la época de mi adolescencia y adicionó una carga más pesada que nunca; al sentir, por primera vez, que mi comportamiento no sólo estaba destruyéndome, sino que también afectaba, directa y profundamente, a mi compañero.

¡Y éso menos lo lograba soportar!

De nuevo me encontré sumida en el estado que odiaba… de nuevo perdí las pocas fuerzas que, en algún momento, hubiera cogido… de nuevo, me invadió el ansia de dar el paso aterrador que en días pasados hubiese dado, y del que milagrosamente pude salvarme.

Por fortuna, aunque la conexión con la *voz* se encontraba bastante mermada, logré tomar fuerzas para tratar un camino, no tan devastador, pero aún drástico. Decidí visitar un siquiatra para que hiciera lo último que estaba en mi repertorio de soluciones: "colocarme una camisa de fuerza y encerrarme en un sanatorio. ¿Qué más? Al final, seguía creyendo que estaba loca y sin remedio".

Así, continuó la historia.

Escogí al azar lo que yo consideraba en ese entonces como un especialista en "locos", y pedí una cita. Hoy recuerdo la sensación tan extraña que tuve al entrar a un oscuro consultorio, con un personaje pintoresco en su apariencia, que me esperaba al otro lado del escritorio.

Al oír la pregunta usual de los médicos: "¿Cuénteme qué le pasa?" Mi ser se envolvió en un gran suspiro y un silencio desalentador.

Cómo contestar el interrogante que me venía haciendo durante tantos años, y para el cual no tenía una respuesta. Cómo explicar ¿Qué me pasa? ¿Por dónde empiezo? ¿Cómo poner al descubierto las cosas horribles que habitan en mí, y ¡jamás! me he atrevido a contarle ni a las personas más allegadas? ¿Cuánto tiempo voy a necesitar para narrar todo lo que padezco? – pensaba.

Presintiendo que ésta era la última oportunidad con la que contaba, comencé a hablar. Sin embargo, creo que pasaron sólo cinco minutos de estar describiendo mí complicada posición, cuando el doctor interrumpió:

- "No se preocupe. Yo sé lo que usted tiene y es muy fácil organizarlo."

Quedé asombrada; creí que mis oídos estaban fallando.

- ¿Cómo así? – cuestioné, con un tono de sorpresa.

- "Usted lo que tiene es DEPRESIÓN." – dijo el doctor.

- ¿DEPRESIÓN? – pregunté.

- "Sí. DEPRESIÓN. ¿Nunca ha escuchado ese término?"

- NO. – contesté.

- "Usted padece de una condición llamada Depresión. Ésta tiene varias maneras de manifestarse, y la suya estaría catalogada como Maniaco Depresiva. Yo le voy a mandar unas pastillas y en una semana usted va a estar bien." – asintió el médico. El cual abrió un cajón del escritorio y sacó una cajita con la medicina.

En ese instante sentí un impacto tan fuerte, que hubiera sido más fácil ser aporreada con un bate en la cabeza. De nuevo, no lograba entender lo que estaba escuchando. Y sin querer, como algo inusual, de mi boca salió una carcajada.

- "¿Qué pasa?" – preguntó él, con asombro.

- Usted me está diciendo que algo con lo que he estado lidiando durante tanto tiempo y he puesto toda la voluntad propia para combatirlo, ¿Va a desaparecer en una semana con unas simples pastas? – cuestioné, de una manera burlona.

- "Señora, le voy a ser sincero. Cuando usted entró por esa puerta, yo no pensé escuchar lo que me acaba de decir. La situación que usted ha vivido, por lo general, arrastra a la gente a caer en estados de alcoholismo, drogadicción, desórdenes mentales, incluso, reclusión en hospitales siquiátricos. No entiendo cómo ha logrado evadir cualquiera de estas condiciones y, todavía, lucir, a simple vista, como una persona normal."

- Doctor, con todo respeto. – pregunté ya más seria. No estamos hablando de un dolor de muela, que logra calmarse con analgésico. ¿Cómo me va usted a decir que unas *píldoras* transformarán mi manera de ser, pensar y sentir?

- "Ya veo. – expuso el siquiatra, con una leve sonrisa. Usted duda en la eficacia de la medicina, y no la va a usar. Entonces hagamos un trato. Me va a prometer que, por lo menos por siete días, se la tomará sin suspenderla y esperará a ver cómo se siente. Hágalo por mí; si no lo quiere hacer por usted."

"Esta droga se debe acomodar a cada paciente con una dosis específica. Yo le mando inicialmente una cantidad determinada, pero, si no se mejora o se siente peor, hay que variar la dosis o combinarla con otra prescripción.

Tranquila, le aseguro que va a estar bien."

- ¿Y, si acepto, por cuánto tiempo tendría que tomarla? – pregunté.

- "Indefinidamente." – contestó él.

No sabía qué pensar ni encontraba qué decir. Alguien, por primera vez, me estaba dando una solución al problema; sin embargo, era difícil asimilar que yo tenía una especie de *enfermedad*, junto con muchas otras personas, y que la única solución era consumir medicamento, quizás, el resto de mi vida.

Sin otra opción y poco entusiasmada, decidí aceptar el trato.

Conseguí, entonces, las supuestas *¡pepas mágicas!* que arreglarían la circunstancia. Los primeros días caí en estados terribles y peores que antes. Pero, basada en mi promesa, llamé al doctor; el cual me prescribió otra medicina para combinarla con la primera.

Para mi asombro comencé a sentir mejoría en cuestión de una semana, como fue pronosticado. Mi cuerpo recuperó gran parte de su energía y se percibía menos pesado. La ansiedad y angustia fueron desvaneciéndose, y la tristeza ya no marcaba mi cara de una manera tan brusca. Además, como una bendición del cielo, los dolores de cabeza desaparecieron.

Al menos el duro término de "loca" había cambiado por "depresiva", brindándome algo de alivio y esperanza. Esperanza otra vez… esperanza de encontrar la solución… esperanza de que, finalmente, mi vida cambiara.

Por mucho tiempo me estabilicé, y no puedo negar que los medicamentos, de alguna manera, disimulaban mi estado; no obstante, cantidades de síntomas seguían latentes y los pensamientos existencialistas continuaban bombardeándome. Las explicaciones convencionales no eran lo suficientemente claras para convencerme qué yo estuviera enferma ni que las pastillas cambiarían la situación.

Nada tenía lógica. Parecía que faltaba algo que no estábamos entendiendo… algo que, tal vez, habíamos dejado atrás en la evolución… algo que había que continuar buscando, para lograr recuperarlo.

Con mucha tristeza, sin lograr entender el verdadero sentido de lo que estaba sucediendo, mi tortuoso camino tampoco terminó aquí. Aunque el peso que llevaba a cuestas se aligeró, todavía necesitaba vivir *muchas* cosas y entender *muchas* otras, para poder encontrar los elementos que atacarían efectivamente el problema de raíz…

VII
Maternidad
Contradictoria

Aunque mantenía una especie de sombra que me opacaba, los medicamentos que estaba tomando lograban estabilizarme y relajarme un poco; permitiendo llevar mi vida lo mejor posible entre el trabajo y el matrimonio.

Además, como nunca antes, y cada vez con más frecuencia, empecé a escuchar de otros individuos que también enfrentaban condiciones como la mía.

"Era como si estar *depresivo* se hubiera puesto de moda".

La conexión con la voz interna permanecía bastante debilitada, pero recuerdo un momento muy especial, cuando en mi mente apareció una afirmación determinante que decía: *"Estás lista… lista para ser madre"*.

Era imposible. Si a algo le tenía yo miedo era a eso; a ser madre. Es más, en muchos momentos de amargura, había determinado nunca serlo. ¿Cómo podía tener la responsabilidad de otra persona si ni siquiera era capaz de sobrellevar mi propia vida? ¿Cómo iba a traer seres inocentes a compartir una existencia llena de dolor y angustia? ¿Cómo el universo me decía que yo estaba lista para ser madre? De nuevo me llené de miedo y confusión.

Inmediatamente en mi pensamiento aparecieron imágenes de personajes con grandes barrigas, caminado de "señoras patas" y actitudes extremas de antojos, a media noche, que enloquecen a los maridos. Y los inconfundibles nuevos padres, con caritas de embeleso; sobrecargados con maletines, teteros, pañales, coches y todo el trasteo inevitable para salir a flote en la complicada tarea de tener un bebe.

- "¡No! Yo no estoy lista" – afirmé.

Sin embargo, acompañada por un gran silencio, me envolvió una linda y sutil energía difícil de describir. Con una gran paz interna fui adquiriendo una seguridad y un convencimiento de que, efectivamente, había llegado mi hora y muy pronto engendraría.

Así fue como –a los 27 años de edad– me embarque en otra aventura, ya con más tranquilidad y alegría. Y después de nueve meses de barriga, caminado de "doña pata", afortunadamente pocos antojos y un parto con varios sobresaltos, me convertí en mamá.

Solamente una mujer, que ha pasado por la maternidad, puede entender la emoción tan grande que produce el sentir a un pequeñito creciendo y moviéndose, inquietamente, en nuestro vientre. Ésto despierta el instinto maternal –aunque esté dormido–

y esfuma cualquier sentimiento contrario al amor, dulzura y asombro.

Se experimenta un miedo, que no es miedo; un dolor, que no es dolor; una fuerza tan especial y poderosa, que definitivamente nos sigue comprobando que *sí* hay algo más allá en el universo que genera la corriente en la cual fluye nuestra barca.

Para ser honesta, nunca pensé sentirme tan feliz de tener mi hijita en brazos y de ser testigo de la dicha que causó en el corazón de toda la familia. Y menos imaginaba que, después de cinco años, de nuevo palparía esa misma emoción, cuando di a luz a otro pequeñito.

Hoy, como siempre, doy gracias a Dios el haberme permitido vivir el milagro de la procreación.

Lastimosamente, la montaña rusa de la vida, después de estar en lo más alto de la estructura, vuelve y cae con una potencia tan grande que aterroriza y casi siempre inmoviliza. Debido a la gestación y por varios motivos que no recuerdo claramente, debí suspender los medicamentos de la Depresión. Y por supuesto, combinado con la gran alegría que disfrutaba, cantidades de síntomas negativos volvieron a aparecer, mucho más aplastantes que antes.

En el embarazo, el cuerpo femenino no sólo sufre una transformación externa, sino que internamente debe desplazar cantidades de órganos vitales para dar espacio al nuevo ser. El bebe necesita absorber todo el alimento que su progenitora pueda proporcionarle y toda la energía que ella tenga disponible, así sea la necesaria para su propia estabilidad.

Un pequeñín que va creciendo en nuestras entrañas; se alimenta y respira gracias a nosotras; se protege a través de nosotras; y además, al momento del nacimiento, se lleva parte de nosotras.

Por esto, después de un proceso de parto, es común que la mujer sufra un gran desequilibrio, especialmente en su parte emocional. Así aparece el nerviosismo, la susceptibilidad, las ganas de llorar constantes y una fuerte tensión, originadas por los requerimientos del recién nacido; sin contar la confusión que el inédito cambio produce en el ambiente familiar.

Hoy recuerdo la angustia que sentíamos mi esposo y yo al no saber qué hacer para darles un buen cuidado a nuestros chiquitos. Tratando de leerles la mente para saber por qué lloraban. Y cuando nos fallaba el instinto de padres, les dábamos comida cuando tenían frío y los cobijábamos cuando tenían hambre.

Reapareció el temor y una sensación de impotencia de entender el mundo de mis niños. Me encontraba cansada y sin energías para seguir el ritmo de actividad que ellos manejaban. La irritabilidad y la impaciencia volvieron a marcar mi comportamiento. Se formó una paradoja; una contradicción. Pues estaba feliz de tener mis hijos, pero, a la vez, me agobiaba el estar todo el día dedicada a la laboriosa tarea de ser madre. Pensaba que después de haber logrado empezar a gozar la vida en muchas facetas, ahora estaba reducida a cuatro paredes; dedicada al juego infantil y forzada a usar una psicología bastante ajena a mi conocimiento.

Durante muchos años, en el proceso de su acelerado crecimiento, me fue difícil crear un entorno tranquilo para los niños. A toda hora trataba de acomodarlos a mi ambiente, pues era incapaz de ajustarme al de ellos.

No quería sentirme sobrecargada con la responsabilidad, pero lo hacía. No deseaba estar de mal genio a toda hora sin saber por qué, pero buscaba excusas constantes para poder desahogar la frustración. No quería pensar que ya no contaba con el tiempo para lograr muchas cosas en mi parte personal o laboral, pero, reiteradamente, me lo cuestionaba. Y mucho menos, deseaba seguir sintiendo esa *angustia existencial*, pero ésta permanecía en el corazón sin esperanza de arrancarla.

En repetidas ocasiones tomaba las medicinas para aliviar un poco la ansiedad, más no era suficiente. La relación de pareja empeoraba. El comportamiento de mis hijos comenzó a transformarse en defensivo y rebelde. En general, el ambiente se percibía pesado y tirante.

Me martirizaba ver que había involucrado en este estado tormentoso –como lo temía– no sólo a mi compañero, sino a mis dos *adorados tesoros*. Y, solamente por el amor y el respeto hacia todos los seres queridos, continuaba la lucha ardua por sobreponerme a las circunstancias.

Sacaba fuerzas para ser buena hija… fuerzas para ser buena madre y esposa… fuerzas para vivir.

En lo más profundo del alma permanecía un leve sentimiento que me incitaba a seguir buscando la solución al problema, aunque con bastante desengaño. Lo que no imaginaba era que el universo volvería a actuar en mi rescate. Y, muy pronto, comenzarían los grandes cambios positivos, anhelados durante tan largo tiempo…

VIII
El Inicio
del Cambio

Usualmente, al experimentar hechos que nos impactan con fuerza, es cuando más cambios significativos se producen en nuestros pensamientos y emociones.

La lucha por combatir los aspectos negativos que me envolvían continuaba. Y fue precisamente, mucho después de los 30 años de edad, que, como siempre, desesperada por encontrar soluciones, viví un acontecimiento relevante para el inicio de mi gran cambio.

En un momento determinado, me deje convencer por una joven *vidente*, que la voz que yo escuchaba y toda mi azarosa condición eran originadas por un espíritu dañino; que obsesionado conmigo, influía para que me quitara la vida. Y aunque, de todo corazón, yo sabía que ésto no era verdad; en medio de la desesperanza, acepté ser parte de un ritual de limpieza que supuestamente acabaría con todo.

Así fue como terminé rodeada de varias personas, en un pequeño cuarto, lleno de cruces, velones, imágenes de santos y muchas otras piezas relativas a la santería. Después de unas lindas palabras de introducción, comenzaron a darse eventos extraños.

Como la transformación de voz y de comportamiento del joven que estaba a cargo del suceso; pues, al parecer, el espíritu lo estaba controlando.

Fuerzas imperceptibles hicieron volar objetos por el aire y sacudieron repetidamente al muchacho; golpeándolo, con violencia, contra las paredes del recinto. Luego transmitió insultos y actitudes amenazantes. Y entre gritos y llanto, se dieron otros cuantos sucesos que se salían de toda comprensión; creando un sentimiento de pánico y desorientación. Al final, el joven, casi desmayado, quedó tirado en el piso.

Por fortuna, más adelante, el ambiente de tensión fue disminuyendo, cuando la conducta del chico volvió a la normalidad. Aparentemente el indeseado espíritu había perdido la batalla y se marcharía para siempre, dejándome libre de todas mis aflicciones.

Esa noche volvimos a la casa de la vidente y una de sus compañeras canalizó las energías de varios seres que transmitieron mensajes hermosos acerca de mi situación. Brindándome una emoción mucho más tranquila a la que tuve en horas anteriores.

Todo lo sucedido fue tan confuso e insólito que quedaba la gran duda si era real o quizás una película de terror. Traté entonces de buscar una explicación con representantes de variadas religiones y algunos conocidos. No obstante, las opiniones y recomendaciones resultaron tan contradictorias y absurdas que empujaron mi condición al extremo… al extremo de sumirme en una crisis nerviosa que me arrastró a la sala de urgencias de un hospital, donde gritando y pataleando empujaba a las enfermeras para impedir que me inyectaran calmantes.

Para acabar de componer, por primera vez, mi lamentable estado se hizo evidente ante los demás. La máscara había caído; el secreto había sido revelado. Me dolía imaginar que todos comenzaran a percibirme como una persona desequilibrada y para la cual no existía ningún remedio. Sin embargo, el apoyo incondicional de mis seres queridos, me ayudó enormemente a retomar las fuerzas para seguir mi heterogéneo camino.

En la gran búsqueda de una solución para mis episodios depresivos, ésto era lo más *"radical y descabellado"* que hubiera intentado. Y, por supuesto, tampoco fue la respuesta al problema. Pero, sí, me dio la base para mirar diferente la conexión que poseemos con otro tipo de energías y estar más abierta a recibir el regalo que estaba por llegar a mis manos.

Y no creo tener un término mejor que *regalo* para darle al libro que apareció en mi casa, por circunstancias particulares, después de estar más de una semana en reposo e implorándole piadosamente a Dios que me ayudara: "El Libro de Urantia".

"El Libro de Urantia" es un ejemplar de más de 2.000 páginas y casi 200 documentos, considerado como la última y una de las más grandes "revelaciones" dadas a la humanidad. Transcrito a mediados del siglo XX, esta magistral obra describe el origen, composición, distribución y propósito de todo el universo.

Con él, entendí la controvertida historia de nuestro planeta; las razones por las que erróneamente pensamos que somos los únicos en la inmensidad del espacio; la infinidad de entidades que forman parte del complejo engranaje celestial; todos los circuitos energéticos que nos conectan con el cosmos; los diferentes estados de conciencia que vamos adquiriendo en nuestro progreso vivencial; y el importante papel del ser humano en su carrera evolutiva. Además, de cientos de otros temas fascinantes que saciaron mi apetito de conocimiento.

Miles de preguntas, por fin, tuvieron respuestas completamente lógicas y convincentes. Cantidades de mis conceptos fueron reforzados y planteados como valederos. Y muchos otros nuevos, que jamás hubiera considerado, entraron a formar parte de mi repertorio.

Pero, entre toda esta asombrosa información, hubo algo que me tocó profundamente; la descripción del elemento espiritual –no personal– más elevado con el que pueden entrar en contacto los seres humanos: *el Ajustador de Pensamiento*. Llega directamente de la energía de Dios a habitar en la mente de cada persona, en los primeros años de la niñez, cuando se toman las primeras decisiones morales. Cargado con información exclusiva, tiene la capacidad de asociarse con el intelecto del morador que se lo permita e ir nivelando, ajustando y elevando los conceptos de pensamiento. Incluso posee la aptitud sagrada de guiarnos sabiamente para que logremos desarrollar nuestra vida y continuar la evolución espiritual de la mejor manera.

Lo más particular fue la explicación de cómo, el encuentro, consciente, entre la razón humana y este "monitor divino", da inicio a un *dialogo* que acomoda las ideas lógica y progresivamente. Sin embargo, cuando conceptos preconcebidos y erróneos de la persona interfieren en el completo entendimiento de las nuevas ideas que envía el Ajustador, se puede entrar en estados de gran confusión. *1*

Tal vez éste era el *eslabón perdido* que andaba buscando. A lo mejor yo no tenía ningún espíritu dañino que me quisiera arrastrar, o no estaba jugando con un amigo imaginario como lo hacía de niña. Quizás, este ajustador especial y único –combinado con otros componentes que ayudan al progreso mental– era la misteriosa *voz* que residía en mí, hace ya tanto tiempo.

Al encajar completamente con mis vivencias, todas estas ideas, fueran o no ciertas para los demás, inmediatamente se convirtieron en mí verdad. Consideré que la "vocecita interna", que intenté apagar en algún momento, era más bien una gran aliada y debía *reconectarme* con ella… debía asimilar mejor las conversaciones.

¡Lo más regocijante fue empezar a vislumbrar que yo no estaba ni enferma ni loca!

Lo primero que hice fue retomar la costumbre de buscar ambientes tranquilos y agradables, para frecuentemente entrar en contacto no sólo con mí ser, sino con las lindas energías cósmicas.

---

1 Más información acerca de Los Ajustadores de Pensamiento en mi libro "Lo Último en Tecnología Divina: Los Ajustadores de Pensamiento"   www.amazon.com / *Patricia Gaviria*
www.urantia.org

No fue fácil desempolvar algo que se había sumergido en las telarañas del olvido durante tantos años, y fueron muchos los días en que predominó un gran silencio.

Pero, hoy recuerdo, una noche que acompañaba a mi hijita para que se durmiera, y cuando estaba a punto de unirme a ella en el mundo de los sueños, algo retumbó en mi mente que me hizo sobresaltar:

- *"¿Te acuerdas, tiempo atrás, cuando te pedí que en una hoja de papel escribieras quién querías ser?"* – la voz dijo.

- Sí. – contesté, con una gran emoción.

- *"Ahora, te pido, como en ese entonces, que escribas: QUÉ QUIERES LOGRAR EN TU VIDA."*

- Yo realmente no sé qué deseo. – comenté, asombrada.

- *"Si no sabes qué quieres. Por lo menos puedes identificar qué es lo que no quieres."*

"Mientras conservas la visión de lo que realmente deseas, con tranquilidad y seguridad, permaneces en tu río. Cuando interrumpes la ilusión con miedo y duda del logro, tu vida se desborda sobre las espesas selvas. Establece tus metas y anhelos, e inmediatamente el universo tomará medidas para que puedas retomar tu trayectoria y experimentar lo propio de tu existencia."

"Desde hace mucho tiempo comenzaste a fluir en barcas ajenas. Y aunque se siente confortante y es bastante lo que has aprendido, debes volver a retomar tu exclusivo destino. Recuerda, los caminos de las personas deben ir paralelos; sin interferir unos con otros ni, mucho menos, utilizar el mismo lecho."

"Uno de los propósitos de la existencia es buscar tu propia verdad; escogiendo pensamientos, emociones y comportamientos auténticos que te brinden satisfacción. Y si bien, cada verdad es sagrada, no debes caer en el error de irrespetar a los demás tratando de imponer la tuya, ni tampoco ensombrecer tus experiencias viviendo verdades ajenas. Entiende que fuiste creada para deleitarte con lo que tu alma desea con nobleza. Si no lo logras, es porque te empeñas en negar lo que, puramente, eres. Abre tu mente y corazón. Deja fluir tu esencia original."

"Cuando sostienes la alegría de vivir y disfrutas las cosas sencillas... cuando aprendes a diferenciar lo que eleva tu espíritu de lo que lo mata... cuando comprendes que el sentido auténtico de la vida no es exactamente lo qué se hace, sino cómo se hace. Y solamente cuando expandes la conciencia e identificas lo real, logras la plenitud."

"Reconoces tu verdad cuando te sientes sin miedos, sin dudas, sin vacíos. Pues de lo contrario, puedes estar segura que te encuentras muy lejos de ella, aún."

No lo podía creer. Estaba llena de dicha y gratitud de ver como la energía divina me abrazaba nuevamente. Y después de pensar un rato, afirmé:

- Hay algo que sí quiero: aprender a ser feliz. Anhelo entender por qué me mantengo deprimida, teniendo tantas cosas lindas alrededor. Necesito saber cuáles son las causas reales que me arrastran a sentirme miserable. Y cómo logro erradicar los sentimientos que me inhabilitan para vivir.

- *"Primero, quiero que entiendas que no se aprende a ser feliz...   ¡¡ Se vuelve a ser feliz !!*

Tú naciste con la felicidad dentro de ti y simplemente la tienes que recuperar. Las cosas negativas son un espejismo; las positivas tu realidad. Y tú decides cuales quieres afrontar."

"Segundo, cualquier dato referente a la existencia se encuentra grabado en las corrientes cósmicas. El universo es el mejor maestro que puedas encontrar en el camino de tu aprendizaje; aquel que estimula tu crecimiento y desarrollo. Solo debes conectarte con él y, a su debido momento, obtendrás las respuestas que tanto esperas."

A partir de entonces me di perfecta cuenta de lo equivocada que permanecí durante tan largo tiempo. Y comprobé, en carne propia, que mi *voz interna* nunca me había confundido; yo misma me confundía… que ella nunca me había abandonado; la que le había dado la espalda era yo, y nadie más que yo… que ella trataba de ayudarme a mejorar mi vida, pero yo se lo impedía.

Comencé a entrar en estados meditativos con más frecuencia, e igualmente como cuando estaba jovencita, día a día empecé a recibir información nueva. Por fortuna, yo, ahora estaba mejor capacitada para participar de un diálogo libre y natural, sacándole verdadero provecho.

Era como abrir una *llave de paso,* encima de mi cabeza, que derramaba chorros de ideas y debían ser procesadas por mi intelecto. Fueron muchos meses de trabajo y cantidades de levantadas en la noche para escribir todo lo que llegaba, ponerlo en orden e interpretarlo en la mañana.

Explicar cómo llegó toda la información es un poco complicado. Lo único que puedo decir es que las ideas nuevas –que fueron introducidas a través de los diálogos– se mezclaron con otras adquiridas a través de los años; además de algunas más, que se encontraban con "telarañas" en el rincón de mi inconsciente. Al final, todas se juntaron para darme una visión acerca de los estados depresivos muy diferente a la que tenía antes.

Las fichas del rompecabezas, que estuvieron desordenadamente dispersas durante toda mi vida, fueron encajando hasta formar una sola imagen. Y un amplio panorama, al fin, pudo ser visualizado…

IX
Entendiendo
Mi Esencia

Sinceramente es muy difícil explicar cómo me sentía en este trayecto del recorrido. Era demasiada la información que me llegaba para procesarla y entenderla. Y aunque fue complicado darle un orden lógico; poco a poco, todo comenzó a tener sentido.

Entendí que somos seres de energía, concebidos por la *Fuerza Central Creadora* que nos inyecta vida a través de tres corrientes primarias universales: Energía Física, Energía Mental y Energía Espiritual. Estas tres corrientes, aunque son independientes y brindan propiedades particulares, se correlacionan en una frecuencia vibratoria exclusiva para cada uno de nosotros.

Al ser entes energéticos, podemos emitir y recibir ondas electromagnéticas, lo que nos convierte en *antenas de radio* conectadas de una manera individual con el universo. Como un radio cuando está sintonizado, nosotros también podemos captar las ondas positivas que envía constantemente el cosmos, si nuestra materia está vibrando en la frecuencia correcta. Por el contrario, si nos salimos de esa frecuencia o sintonía, perderemos la conexión con la fuente de vida y nuestro ser se irá deteriorando física, mental y espiritualmente.

Así pues, la Depresión es un grupo de síntomas negativos que van apareciendo a medida que nos alejamos de esa fuente… una condición que toma fuerza cuando cerramos los canales que nos comunican con los circuitos universales… una posición fuera de sintonía y llena de interferencia. *2*

Por alguna razón, en el transcurso de mi crecimiento, mis tres energías se fueron saliendo del equilibrio que tenían cuando estaba niña, y se volvió costumbre estar en un campo que me impedía ver y sentir la vida de un modo apropiado. Así la inseguridad se daba solamente en la medida en que yo bloqueaba la seguridad. El miedo se apoderaba de mí, únicamente, cuando yo cortaba el fluir de la tranquilidad. Y la tristeza me marcaba, cuando yo opacaba la alegría. Mis corrientes vitales se encontraban fuera de lugar, la luz se apagaba, el fuego interno se consumía.

Gracias a Dios también comprendí que la creación nos ofrece herramientas sencillas, prácticas, agradables y naturales para colocar nuestra energía en su punto óptimo de vibración; y que para recuperar mi bienestar general *–el estado original de mi materia prima–* no se requerían exigencias complejas ni mucho trabajo.

---

2 Todo este tema está explicado a fondo en mi libro "Efecto Radio-Antena… Sintonizando Nuestras Energías Física, Mental y Espiritual"
www.amazon.com / *Patricia Gaviria*
www.gaviriapatricia.blogspot.com

El primer requisito era tener la convicción profunda y sincera de querer cambiar. Enfocarme en las soluciones más que en los problemas. Estar dispuesta a colocarle *pilas* a mi *radio* y escuchar las estaciones asignadas. Abrir las *ventanas* de mi ser, para que entrara una nueva *brisa* capaz de refrescarme completamente. Dejar atrás el pasado y emprender un presente que generara un futuro diferente.

Lo segundo era buscar métodos apropiados para estimular la Energía Física, Mental y Espiritual por separado. Al cambiar muchas viejas costumbres, por otras más efectivas que me desbloquearan, lograría:

- Mejorar el estado de salud y desarrollar un cuerpo más resistente a los agentes exteriores.
- Reprogramar mi mente para que se acostumbrara de nuevo a pensar en positivo, con creatividad y lógica. Además de generarme emociones placenteras.
- Crear un ambiente propicio para que la corriente espiritual ajustara, elevara y ampliara mi conciencia.

Y tercero, debía aceptar que el estar bien era una tarea personal, de constancia y dedicación, pero de absoluta efectividad. Que no importaba cuánto me quebrara la cabeza tratando de encontrar los culpables de mi desequilibrio o buscando excusas para quedarme inmóvil sintiéndome víctima del "malvado mundo y sus secuaces"; pues siempre hallaría no solo uno, sino cinco, cien o mil razones a las cuales pudiera colocarles el peso de una situación que, definitivamente, estaba en mis manos transformarla.

Que si la Energía Universal es fuente *solamente* de aspectos positivos, y los elementos negativos se producían en la medida en que me alejaba de ella, entonces lo único que debía hacer era tomar medidas prácticas para dejar fluir la esencia… para acoplarme… para sintonizarme. ¡El resto correría por cuenta del universo!

De forma similar como cuando respiro normal y rítmicamente, y mi cuerpo se oxigena y activa, casi siempre disfruto de estos beneficios sin ser muy consciente del proceso que se está dando. Pero si me tapo la nariz y boca, con una venda bien apretada, de inmediato el cuerpo reacciona agitadamente. Empiezo a angustiarme. A luchar por lograr respirar. Y me voy descontrolando, más y más, a medida que el aliento se agota. Cuando lo único que tengo que hacer es quitarme la venda, dar un gran suspiro y dejar que el aire haga su trabajo. ¿Qué más fácil que ésto?

Y fue así que ¡finalmente! di comienzo al excitante proceso para recuperar uno de los obsequios que nos brinda Dios: la base de nuestra expresión material… *la Primera Corriente Primaria… la Energía Física…*

X
Recuperando Mi Cuerpo

En esta maravillosa etapa recordaría algo que mi hermano menor, frecuentemente, me recalcaba:

"¡Haga ejercicio y vera que se le quitan todos esos males!"

Con mucha frustración, yo pensaba: primero, no necesito hacer gimnasia pues estoy tan flaca que creo desaparecer. Segundo, cuando –con un esfuerzo sobrehumano– intento ir al gimnasio, termino tan sumamente agotada que me siento peor. Y tercero, ¿Qué tiene que ver el movimiento con mis emociones?

Por fortuna logré entender que para salir adelante debía estimular el cuerpo; o mejor dicho, colocarle *pilas* a mi radio. Iba a ser muy difícil, pues, no estaba acostumbrada a realizar ejercicio ni era mi mayor placer. Pero así como, por muchos años, tuve la voluntad de tomar diariamente pastillas para la Depresión, tendría que volver el *movimiento* parte de mis necesidades primarias… parte de mi medicina.

Escribí una lista de las actividades que yo disfrutaba, y, sin duda, el baile la encabezaba. Pocas fueron las oportunidades que tuve en la vida de participar en reuniones donde logré bailar y cantar, pero recuerdo el placer tan indescriptible que me producía. Y como para ese entonces las *veladas de fiesta* seguían escasas, simplemente decidí danzar conmigo misma.

Parecía una locura. Más que importaba. También había determinado ser una "loca feliz".

Busqué en mi casa un lugar amplio y cómodo, para poder ejercitarme. Con música bien alegre, fui organizando una dinámica de movimiento que activara todos los componentes corporales que lograra mover al ritmo de ella: cabeza, cuello, hombros, brazos, cadera, tronco, piernas y pies. Complementada con diferentes técnicas de respiración.

Al comienzo sentía que el cuerpo no respondía, pues estaba tiesa y con poca flexibilidad. Por esto, inicié con una rutina corta para luego ir aumentándola a medida que fuera capaz. Claro que sin excederme.

¡En muy corto tiempo, se generaron cambios reconstituyentes!

Adquirí soltura y destreza. Los malestares físicos fueron desapareciendo. Mi cuerpo dejó de sentirse pesado; la fatiga se disipaba y tenía más energía para continuar el día. Ya me encontraba con ganas de jugar con mis hijos o salir a pasear a cualquier parte. Y los sentidos se despertaban con la emoción de disfrutar todas las cosas que alguna vez, en mi niñez, me estimularon.

Fuera de la dinámica de movimiento –que trataba de hacer diariamente o como mínimo tres o cuatro veces por semana– decidí asumir los oficios de la casa con el propósito de complementar el ejercicio. Y por allí derecho tener un ambiente organizado y agradable que alentara a toda la familia.

Seguramente si alguien se hubiera asomado por la ventana, se reiría al ver las divertidas *sesiones bailables* que comencé a tener con "mis parejos" la escoba y el plumero. Los actos de barrer, limpiar, lavar y ordenar dejaron de ser un motivo para sentirme abusada por la vida; más bien, los empecé a utilizar, para darle un empujón a mi vida.

También adquirí la costumbre de masajear mis pies, manos y cuero cabelludo. Tomar sol con más frecuencia. Aprovechar la oportunidad de nadar, si se me presentaba. Y darle unos toques más apropiados a la forma de alimentarme.

Les confieso que fue más fácil de lo que imaginaba. Pues a medida que la frecuencia energética del organismo va cambiando con el movimiento, así mismo se van transformando los *gustos*. Ya no tenía que empujarme, como antes, para consumir alimentos naturales como frutas, verduras y miel. Se fue creando una apatía hacia productos como las grasas, bebidas gaseosas y alcohólicas. Además, de un momento a otro, comencé a rechazar el cigarrillo, lo que me ayudó a dejarlo fácil y definitivamente. El placer por los espacios abiertos e iluminados fue apareciendo con sutileza. Sin olvidar que mi ropero se renovó con colores vivos y alegres.

No sólo mi cuerpo se sentía saludable y fortalecido; sino que también me percibía más tranquila, animada y mucho menos ansiosa.

Entendí que no todas las personas se pueden activar de la misma manera, y que debemos establecer nuestro propio ritmo y la actividad más conveniente para sostenernos en el Punto Óptimo. Así que opté por acciones que me gustaran, con el tiempo y la constancia apropiada para estar cómoda.

Crear nuevos hábitos es todo un proceso; pues al principio uno siempre tiende a retomar las *mañas* que ha manejado por tantos años. Varias fueron las oportunidades en que perdí la continuidad de ejercitarme, e inmediatamente comenzaba a caer en el estado pasado de cansancio, acompañado con irritabilidad. No obstante, al pensar en el sentido tan importante que tiene toda esta cuestión del movimiento, mi alma se animaba y sacaba las fuerzas para hacerlo.

"Rescatando el gran valor que poseían las palabras de mí querido hermano".

¡Sí! Sin lugar a duda mi gran metamorfosis comenzó a notarse el día que decidí mover el cuerpo físico. Y como siempre, agradezco al universo por haberme dado el coraje de convertir en rutina el *activarme* de una forma agradable, sencilla y natural. Y por qué no decirlo: sin costo alguno.

El fortalecimiento de la energía material acabó con cantidades de aspectos perjudiciales que durante tanto tiempo me acompañaron, y creó una base mucho más sólida para mi estructura personal. Pero aunque todo ésto era uno de mis mayores logros, tenía que ser fuerte para continuar con el paso siguiente: tumbar el dique que estaba represando la base de nuestra expresión mental… la *Segunda Corriente Primaria… la Energía Mental…*

XI
Recuperando
Mi Mente

Ya había dado el primer paso de estimular mi cuerpo físico. Pero, durante esta etapa, también entendí que necesitaba medidas prácticas para sintonizar mi frecuencia vibratoria mental y lograr conectarme con las transmisiones cósmicas correctas.

Como quien dice, buscar las *emisoras* que emiten solamente melodías placenteras, para que se reprodujeran a través de mí ser y me permitieran experimentar siempre emociones positivas.

Acepté que me había acostumbrado a pensar de una manera contraproducente. Y aunque sentía que *re-programar* el nivel en que estuvo vibrando mi cerebro, durante tantísimos años, iba hacer casi imposible; estaba convencida que si el libre albedrío era la "perilla" para cambiar mi "estación radial", entonces el intenso deseo de salir adelante sería el motor para conseguirlo.

Les juro que nunca imaginé lo fácil que es *re-conectarse* con las emisiones originales. Pues cuando se hablaba de *meditación*, me llegaban imágenes de hombres muy delgados, casi esqueléticos, vestidos con un lienzo blanco plegado en forma de "pañal", con barbas largas y canosas, sentados en una posición de "nudo" a la orilla del río Ganges, en la India, o sobre un "suavecito" colchón de puntillas. Prácticas milenarias y demasiado excéntricas para mi cultura.

Pero, ahora cuando el panorama era más claro, comprobé que la *meditación* es el instrumento más eficaz cuando se trata de canalizar la mente. Que no eran necesarias técnicas complicadas, ni ambientes extraños, ni un cuerpo de "caucho", ni horas interminables de silencio y quietud. Por el contrario, también podía ser efectiva haciéndola de un modo sencillo, en pocos minutos y en espacios que fueran familiares.

Entonces, basada en el concepto de que somos organismos transmisores y receptores de ondas radioeléctricas, adopté un estilo de meditar al cual nombré "Radio-Meditación". *3*

Con esta *sencilla pero poderosa* práctica de usar palabras afirmativas, en actitud de reposo, incitaría mi intelecto a producir solamente vibraciones altas y emociones estimulantes; acostumbrando mi Energía Mental, de vuelta, a conservar su estado natural.

Y qué mejor momento para tener recogimiento y tranquilidad que, cada noche, cuando mi hija me pedía, con carita tierna, que la acompañara al pie de su cama para dormirse escuchando mis rezos. Con

---

3 Más información en mis libros "Efecto Radio-Antena... Sintonizando Nuestras Energías Física, Mental y Espiritual" o "Volver a Ser Feliz... Venciendo la Depresión con el Cuerpo, la Mente y el Espíritu".   www.amazon.com / *Patricia Gaviria*
www.gaviriapatricia.blogspot.com

una respiración profunda lograba relajar el cuerpo, hasta sentirme serena y envuelta en el silencio.

Luego, al escuchar el sueño profundo de "mi bella durmiente", pensaba en las cosas *lindas* que quería obtener. Debía ser muy específica, pues, por cada idea emitida, recibiría algo a cambio por parte del universo.

Continué haciendo una lista de algunas de las palabras que forman el espectro positivo y las agrupé según los diferentes aspectos de la vida. Creando una *meditación inicial o básica,* así:

- Mente*:*   *creatividad, iluminación, sabiduría, verdad, claridad y entendimiento.*
- Corazón: *amor, paz, alegría, bondad, respeto, perdón y tranquilidad.*
- Espíritu: *seguridad, fortaleza, coraje, entereza, honestidad y dedicación.*
- Cuerpo: *salud, vitalidad, belleza, equilibrio y excelencia.*
- General: *prosperidad, productividad, armonía, comunicación, humor y realización.*

Fuera de poder adicionar cualquier otro término que complementara la lista; a diario repetía lentamente todos éstos vocablos y producía la vibración para cada uno de ellos con el deseo profundo de mi corazón. Visualizando la *gran corriente universal* —entrando por una "ventana" situada encima de mi cabeza y transmitiéndome las sensaciones respectivas— la mente aumentaba su frecuencia energética creando un cosquilleo general en el cuerpo. Me tomaba aproximadamente cinco o diez minutos; aunque, si me era posible, la hacía mucho más extensa.

Yo sé qué estás pensando. Sí, tú, mi querido lector. Sé qué te estás preguntando: "¿Eso es todo?" Y mi respuesta sería: "Haciéndolo correctamente… ¡Sí, eso es todo!… por ahora". Pues más adelante cambiaría la *meditación inicial*, por una más completa, que me ayudaría también a canalizar la Energía Espiritual. Y debo decir, que de no ser porque lo viví en cuerpo propio, tampoco creería que algo tan sencillo produjera los asombrosos resultados que fueron apareciendo, cuando el meditar se volvió parte de mis necesidades.

Al vibrar en positivo, los pensamientos comenzaron a darse optimistas; las emociones agradables. Mi intelecto se expandía para entender criterios nuevos, que me llegaban por medio de personas, libros o películas. Las situaciones que antes me creaban rabia y angustia, ahora las enfrentaba con calma y resolución, para tornarlas en algo enriquecedor. Y hoy recuerdo uno de los primeros cambios que noté en mí estado emocional, cuando el mal humor y la tristeza dieron paso a la serenidad y alegría.

A medida que mi condición de pensar, sentir, hablar y actuar se convertía en una más segura, creativa y, porque no decirlo, más sabia; milagrosamente el comportamiento de aquellos que me rodeaban también fue transformándose. Así, la interacción con mis hijos y amigos se dio más fraternal y abierta. La relación con mi esposo recuperó cualidades perdidas en el correr de los años y ganó otras nuevas que nos fortalecieron como pareja.

Entre más reiteraba todo el inventario de palabras afirmativas, se creaba una especie de "sismo energético"; una sacudida de todos los elementos de mi vida, que comenzaban a reacomodarse con efectividad. Como cuando se tiene un tablero de ajedrez y, con estrategia, se van dando las jugadas para lograr un resultado magistral. No tuve que cambiar de *tablero* para continuar jugando; simplemente adopté tácticas diferentes que hicieran el *juego* más interesante y estimulante.

Me sentía extraña sacándole gusto y viéndole un sentido real a todo lo que realizaba. Y mirar alrededor con optimismo, al margen de las circunstancias que tuviera que enfrentar, me ayudó a tomar cada momento como una oportunidad para reafirmar mi personalidad y mi evolución. La *transformación* era tan evidente, que la gente comenzó a notarlo. Me percibían más animada, despierta, receptiva y, créanlo o no, hasta chistosa.

Experimenté una paz interior inimaginable. Y una confianza en que todo lo anhelado, con una fuerza correcta, llegaría tarde o temprano. Aprendí a *pedir* sin sentirme culpable ni abusiva. Por el contrario, entendí que si no *deseaba* y no creaba vibración de mis aspiraciones, me iría desconectando del canal por donde se obtienen los resultados.

El universo aguarda atento e inmóvil, hasta que nosotros lo estimulemos a vibrar plenamente y, él, consiga enviarnos la gama completa de sus hermosas melodías. Como las teclas del piano: solo suenan las que son presionadas, y las demás, permanecen en silencio esperando el momento que nuestros dedos les den un impulso para poder manifestar el sonido.

Gracias a la "Radio-Meditación" mis oscilaciones mentales cambiaron de frecuencia… cambiaron de *emisora*. Además de crear en mí la habilidad de regresar al Punto Óptimo, fácil y rápidamente, si en algún instante cualquier aspecto externo me afectaba y me tiraba a espacios de frecuencia baja.

El haber aprendido a sintonizar mi mente fue otra de mis enormes reformas. Pero yo sabía que faltaba por dar el último paso. El toque final para una completa recuperación: mejorar la comunicación con mi guía interna y despertar *la Tercera Corriente Primaria… la Energía Espiritual…*

XII
Recuperando
Mi Espíritu

Necesitaría muchísimas páginas para detallar todos los cambios que se dieron cuando comencé a trabajar la Energía Espiritual. Pues sintonizarla *adecuadamente,* fue una de las últimas piezas del rompecabezas que lograría equilibrar todos los componentes de mi ser e integrarlo en uno solo.

Sin ninguna duda, cantidades de veces, yo fui consciente de la presencia de esa espectacular "corriente divina" que me llenaba de dicha y paz. Sin embargo, al tener tan desequilibrados el cuerpo y la mente, fácilmente me desconectaba y caía en confusión. Y aunque ya tenía la rutina de hacer la "Radio-Meditación", casi todos los días, para concentrar mi Energía Mental y acondicionar mi mente para recibir información mucho más elevada; y tres o cuatro veces por semana hacia ejercicio o alguna otra actividad motora que estimulara el cuerpo; ahora faltaba incluir algo, también práctico, para generar un buen flujo espiritual.

Debía retomar la costumbre de dialogar internamente, como lo hacía de niña; pero en una forma más eficiente y, definitivamente, menos obsesiva. Y qué mejor manera de hacerlo que complementando la lista básica de palabras positivas, y creando una *reflexión* más íntima, a través de la "Radio-Meditación".

Evocando años pasados, cuando la vida me dio la oportunidad de escribir ¿Quién quería ser? y ¿Qué quería vivir? en ese entonces, organice un texto con ideas coherentes y claras. Ideas que permitiera transmitirle a Dios y al resto del universo quién era la "nueva" Patricia y cuáles eran las frecuencias o "emisoras" que, de todo corazón, quería escuchar.

El secreto estaba en vibrar con los deseos positivos y no con los recuerdos negativos. Sin tratar de forzar soluciones a los problemas o poner límites para que se produjeran los cambios. Solo teniendo *fe* que, al crear las *intenciones* correctas, las fuerzas cósmicas jugarían su parte y generarían resultados determinantes. Y así fue como, con la esperanza de abrir las ventanas por donde entrara el "viento" capaz de mover mis energías; en un estado de recogimiento y reposo, repetía diariamente la siguiente meditación:

"Soy energía pura vibrando con la esencia central creadora. Empiezo en ella; acabo en ella. Formo parte del gran cosmos que envía la luz de "Dios" todopoderoso, para iluminar mi cuerpo… mi mente… mi espíritu y… mi corazón.

¡Mi cuerpo se ilumina para vivir con bienestar! Todos los rincones del organismo físico trabajan rítmica y coordinadamente; brindándome salud, comodidad, libertad de movimiento. Me siento llena

de energía y vitalidad. Hay belleza, equilibrio y excelencia.

¡Mi mente se ilumina para tener claridad de la existencia! Tengo entendimiento de quién soy, de dónde vengo y hacia dónde voy. Un intelecto capaz de escuchar la voz interna que guía mis pasos. Sabiduría en lo que pienso, en lo que hablo y en como actúo. Seguridad en mis decisiones y certeza del camino adecuado para llevar una vida de auto-conocimiento y realización. Creatividad para lograr eficiencia en mi hogar, trabajo y desempeño social. Hay lucidez y verdad.

¡Mi espíritu se ilumina para vivir en plena conciencia! Siento el vigor del universo que me da coraje para enfrentar cualquier obstáculo con valentía, tranquilidad y acierto. Mantengo confianza de que todo en mi vida se irá dando de un modo adecuado. Convicción de que soy la dueña, creadora y artesana de mi destino; del presente, del futuro. Hay solidez y entereza.

¡Mi corazón se ilumina para experimentar el verdadero placer de vivir! Brindo y recibo amor permanentemente. La alegría, risa y humor forman parte de mis hábitos. Soy bondad, cordialidad y sinceridad con los demás. Perdono a aquellos que me hayan herido en algún momento. Y me libero de las situaciones que puedan estar bloqueando mi conexión con las energías primarias. Hay calma y paz.

Doy gracias a Dios y todas las fuerzas universales acopladas para brindarme crecimiento, evolución, prosperidad y abundancia. Permitiéndome fluir en el hermoso río de la corriente divina."

Para terminar, conversaba un rato conmigo misma; haciendo un recuento de lo que había realizado durante el día y visualizando lo que esperaba, específicamente, para el día siguiente. Luego dejaba la mente en blanco por unos minutos.

¡Y así, quedaba lista para tener dulces sueños!

Nunca pensé que una meditación tan sencilla y corta, hecha conscientemente, fuera una herramienta tan eficaz.

Me llegaron muchísimos conceptos nuevos y convenientes. Mi seguridad e independencia fueron mejorando. La ruta de mi destino empezó a vislumbrarse y a incitarme que la recorriera. Las ganas de contar mi historia, de compartir y ayudar a los demás, y de devolverle a Dios el regalo tan grande que me había obsequiado, fueron cogiendo una fuerza inesperada y aligeraron la transformación.

Por primera vez me percibía *completa*. Con bienestar físico; con una mente tranquila, descongestionada y optimista; con un espíritu altivo y valiente capaz de cambiar situaciones que nunca me gustaron. Y, lo mejor de todo, con un ambiente propicio para continuar evolucionando.

¡Ya con más confianza, me animé, entonces, a contar mi testimonio!

Me monté en la gran aventura de fundar el movimiento "Moviendo Energías" que promueve el desarrollo integral de la sociedad a través de escritos, charlas, talleres y consultas personales. Con la esperanza de ayudar a las personas que desean encontrar las herramientas adecuadas para transformar sus propias vidas; y generar una gran cadena de energía positiva con todos aquellos que tienen algo constructivo para compartir. *4*

Lo más impactante, era la capacidad que adquirí de llevar las cosas con calma. De vivir, minuto a minuto, con la emoción y la intensidad requerida. Conservar la actitud correcta para disfrutar el viaje, sin desesperarme por arribar inmediatamente a la meta. Disfrutar no solo con la victoria, sino también con el proceso de obtenerla.

¡Debo confesar que me advertía muy extraña! Levantarme en la mañana y no tener angustia. Con mil planes para realizar. Enfrentando los inconvenientes, que se atravesaban diariamente, con buena actitud e ideas para resolverlos. Y sentir regocijo y agradecimiento de existir.

No podía creer, que la niña tímida e inexpresiva de antes, estuviera parada al frente de grupos de gente, hablando y dándoles ánimo para vivir y lograr sus propios sueños. Para que nunca se les olvidara lo importante que somos como seres y las capacidades

---

4   Para más información acerca de Moviendo Energías visita
www.gaviriapatricia.blogspot.com

innatas que poseemos para salir adelante; para entender que la Depresión no es una enfermedad de la que somos víctimas, sino una condición que podemos desterrar natural y efectivamente; para convencerlos, que la poderosa energía del "Altísimo" fluye constantemente mientras la sintonicemos.

Años atrás cuantiosas fueron las ocasiones que, en mi confusa realidad, quise cambiar de ambiente, de vida; "poder irme de este planeta".

Afortunadamente, hoy entendía, que el contacto con la Energía Espiritual aseguraba el sostenerme en el sendero correcto. Y más adelante, partiría de este mundo, con la satisfacción de haber puesto en uso el repertorio completo que mi naturaleza interna me ofrece. Y si lograra muchos o pocos resultados, lo que realmente valía era el compromiso y la firmeza de ser mejor; de sentir cada vez más cerca la esencia perfecta "del Creador"; y de acabar, algún día, la emocionante travesía…

¡Sin importar cuánto me demorara!

XIII
Desenlace de Mi Experiencia

Hoy miro hacia atrás y parece que todo fuera un sueño angustioso del que por fortuna desperté. La Depresión surge como una condición que jamás hubiera formado parte de mí. Y el manto de miedo y zozobra, que antes me acobijaban, fueron canjeados por una energía de bienestar, equilibrio, plenitud, seguridad.

Qué iba yo a imaginar que tres aspectos tan elementales como el *movimiento, la Radio-Meditación y el diálogo interno* sean hoy la base que soporta el andamio de mi existir; permitiendo mantener la alineación de mi barca con el río energético que fue dispuesto como mi destino, desde el día de mi nacimiento.

Afortunadamente pude entender que, aunque mi vida se ha transformado de una manera milagrosa, nunca acabará de cambiar. Pues me convencí que los inconvenientes y dificultades van a seguir produciéndose; que muchas veces me tropezaré con gente sumida en la amargura, incapaz de brindar elementos positivos; que la sociedad continuará produciendo situaciones absurdas, violentas y destructivas; y las espesas junglas, que bordean mi camino, permanecerán allí por siempre. Más me tranquiliza saber que el poder para contrarrestar todo ésto se encuentra en mis manos. Y cada vez que, por alguna razón de fuerza mayor, mis energías se salgan de su frecuencia, no habrá necesidad de buscar culpables ni sentirme víctima, sino más bien tomar *medidas prácticas* para mantenerme firme y continuar.

¡Parece inverosímil! La niña que alguna vez pensó que todo había acabado para ella y nunca lograría salir de una situación tan miserable, en este instante se encuentra demostrando lo contrario. Mostrando que, sí, se puede. Reafirmando que las transformaciones se dan acordemente con los deseos y la intensidad de las vibraciones mentales. Que producir un gran cambio interno en nuestra personalidad, es el primer paso para generar reformas beneficiosas en el entorno. Que la decisión de dejarse guiar por la voz interna divina asegura el mantenerse en el camino pavimentado y permite obtener los regalos del infinito. Y no importa qué situaciones duras o traumáticas nos empujen a vibrar en los espacios bajos de nuestra energía; si el corazón anhela, con verdadero sentimiento, volver a la esencia y al punto de partida, el universo será el promotor de un despertar y el cómplice de retomar el sendero celestial.

Somos el conjunto de un cuerpo que nos permite experimentar el tiempo y el espacio; una mente que procesa toda la información cósmica, ayudándonos a formar conceptos propios acerca de la existencia; un corazón que nos hace palpar emociones excitantes; y un espíritu que nos impulsa a seguir evolucionando hacia la fuerza central-creadora. Sin olvidar que la única responsabilidad que realmente tenemos es conservar la conexión con todas las energías que Dios nos obsequia; indispensables ellas para lograr tener un destino estimulante, verdadero y digno de nuestra alma.

Y si estas palabras suenan como las de una persona soñadora e idealista, yo diría que soy lo opuesto. Pues un engranaje de tal proporción como lo es el infinito, con seres y ambientes magníficamente diseñados para evolucionar y progresar, no fue creado para vivir en pena, amargura y dolor. Muy por el contrario, fue engendrado para recorrerlo, sentirlo y disfrutarlo con alegría, entusiasmo y placer.

¡Fueron muchos años de vida. Sí. Muchos años de experiencia! Una niñez mágica. Un despertar difícil. Un encuentro con energías y emociones inexplicables. Un mar de tristeza y una conciencia fuera de la realidad. Pero, también fueron tiempos de grandes cambios. De profundos deseos. De nuevas estrategias. De auto-conocimiento y auto-control. De iluminación y entendimiento. De disposición para brindar y recibir. Y, sobre todo, de un mundo de aventura.

Nunca dejaré de darle gracias a Dios por haberme dado la oportunidad de convertirme en una *"Ex–depresiva"*. Y entender que el universo jamás escasea… que no muere… que seguirá vibrando eternamente… que nunca nos abandona… aunque nosotros lo abandonamos a él.

¡Pero, en el momento de tener un firme deseo, podremos volver a sentir su fluir, energía y vibración!

Reflexión Final

✱✱✱✱✱✱✱✱✱✱✱✱✱

"Si la materia prima con que está hecho el universo es amor, equilibrio, sabiduría, abundancia, alegría y perfección, y tú eres una parte del universo no más importante que un grano de arena pero no menos valioso que el propio Creador; entonces, ¿Cómo dudar que tú seas amor, equilibrio, sabiduría, abundancia, alegría y perfección?"

Tres artículos de la autora
Patricia Gaviria>

¿Es el sufrimiento la verdadera ley de la vida?

por Patricia Gaviria

Muchas personas pueden pensar que no es necesario quebrarse la cabeza dándole vueltas a una condición tan normal de la existencia como es el ¡Nacer, crecer, sufrir… sufrir… sufrir y morir! "Es la ley de la vida" –dicen.

Y es que, desafortunadamente, pareciera que en general la vida es eso: circunstancias que colocan al ser humano como un elemento olvidado por la fuerza creadora, dejado a la deriva en un mundo cruel, donde a punta de penas y fracasos, tal vez, logremos aprender algo.

Pero, la verdad es otra muy diferente. El Universo no nos ha abandonado; nosotros lo hemos abandonado a él. El Universo no es nuestro depredador; él es nuestra fuente de vida. El Universo está siempre listo para ayudarnos, aunque nosotros le demos la espalda.

Cuando me refiero a "El Universo", quiero agrupar en un solo concepto, tanto la fuerza creadora de naturaleza divina, como todas las corrientes energéticas que recorren el cosmos y son parte fundamental para que el complejo engranaje funcione. Un sistema más presente y activo en nuestro desarrollo de lo que nos imaginamos y más poderoso de lo que jamás pudiéramos concebir.

Y es que a través de la historia casi todos nuestros sistemas sociales, culturales, educativos y religiosos se han distorsionado grandemente. Muchas veces, desde muy temprana edad, se nos empuja a dejar atrás esa esencia "mágica" infantil que viene cargada con alegría, libertad de expresión, pasión y vida. Se nos cambian las formas naturales de alimentación, movimiento, esparcimiento. Se nos enseña a pensar, sentir y actuar en negativo; alejándonos de los conceptos y comportamientos verdaderos que nos permiten vivir una vida llena de satisfacción. Pero, aunque pareciera que todo aquello perdido en el camino es imposible de recuperar, para nuestra esperanza, sigue latente y a la espera de ser utilizado en beneficio de todos los seres universales. Solo tenemos que entender cómo en realidad funcionamos y las herramientas innatas y sencillas –que generalmente se dejan en el olvido– con que contamos para recuperar nuestro equilibrio.

Lo primero es comprender que no podemos vernos y tratarnos solo como un cuerpo físico. Más bien, convencernos, que somos el conjunto de tres corrientes energéticas –física, mental y espiritual– que aunque están perfectamente correlacionadas, a su vez, son independientes en sus funciones y nos brindan beneficios definidos. La Energía Material da vida a un cuerpo maravilloso que nos permite experimentar las sensaciones y sobrevivir la aventura del espacio y el tiempo. La Energía Mental nos ofrece la materia prima para formar conceptos correctos acerca de lo que experimenta el cuerpo físico; además, de ser la generadora de las emociones positivas. Y la Energía Espiritual, es el flujo que nos pone en contacto con información y emociones mucho más elevadas que las que manejan nuestras otras dos corrientes.

Así pues, el cuerpo, la mente y el espíritu deben ser estimulados de una manera adecuada e independiente para lograr armonizar todos los aspectos de nuestra vida. Somos organismos energéticos capaces de emitir y recibir ondas eléctricas, así como funciona un transistor o radio. Nos comportamos como *antenas* ante El Universo, donde podemos sintonizar el material necesario para que nuestros cuerpos logren estar sanos… para que nuestra mente nos ofrezca claridad, creatividad y regocijo… para que nuestro espíritu se conecte con la fuente de sabiduría y fuerza divina que nos impulsa a seguir viviendo.

En contraste, si sacamos nuestras corrientes fuera de sintonía, vamos desprogramando las células, tejidos, órganos del cuerpo… nuestra mente va distorsionando el entendimiento y la capacidad para generar soluciones a los inconvenientes… nuestras emociones se tornan negativas… nuestra alma comienza a perderse en el camino, sin encontrar un destino.

Hay que, entonces, retomar hábitos naturales y prácticos que estimulen el cuerpo como: deportes o dinámicas de ejercicio que sean suaves y rítmicas; alimentación equilibrada; buena respiración;

contacto con el sol, el agua, el viento y los diferentes elementos de la naturaleza.

Que activen la mente como: meditación, actividades matemáticas, lectura en voz alta, escritura, hacer rompecabezas o manualidades, tocar instrumentos.

Que despierten el espíritu como: momentos de calma y recogimiento donde podamos dialogar con nuestra guía interna.

Debemos sintonizar diariamente nuestro "radio" para que capte las "emisoras" que El Universo dispuso para cada uno de nosotros el día de nuestro nacimiento. Emisoras que transmiten elementos poderosos y capaces de demostrarnos que la ley de la vida no es el sufrimiento, sino más bien "Nacer, creer, aprender, disfrutar y evolucionar". Y que está en nuestras manos el así experimentarlo.

Borrando el "sello"
de la Depresión

Por Patricia Gaviria

Como es de agradable recordar esos momentos mágicos de la infancia, donde la alegría y la vitalidad eran parte normal de nuestra vida. Esos tiempos donde la imaginación fluía fácilmente y buscábamos los elementos más sencillos para estimular nuestro espíritu: saltar y correr detrás de una pelota por buscar el placer del movimiento; entonar una tonta canción, con todo los pulmones, para incentivar nuestro jubilo; perseguir una pequeña hormiga por el simple hecho de saciar nuestra curiosidad; y sentarnos a hablar con nosotros mismos, con la tranquilidad de expresar nuestros pensamientos y sentimientos, sin preocuparnos de ser valorados por los demás.

Lastimosamente, para muchísimas personas eso ha quedado en la historia. Y es que se nos enseña que para mostrar madurez debemos adoptar comportamientos nuevos, más serios, que sean dignos de un verdadero adulto; pues, ya no existe tiempo para las "tonterías" infantiles. Excitados nos colocamos la nueva armadura, y con valentía salimos a enfrentar los nacientes retos y responsabilidades. ¡Estamos seguros de que todo estará bien! Pero, generalmente, los hechos se presentan diferentes:

nuestros cuerpos van perdiendo vitalidad, los pensamientos y emociones van pasando de positivo a negativo, y la seguridad comienza a deteriorarse. Pareciera que ya la risa se produce forzada, que la creatividad no recorre nuestro cerebro, y que la fe en un digno sentido de la existencia, se va esfumando poco a poco. Que entre más forzamos a los demás para que nos escuchen y valoren, más rápido nos encontramos solos e ignorados.

Confundidos con este panorama, ajeno a lo anteriormente vivido en la niñez, comenzamos a buscar ayuda externa.

Algunos campos nos dicen que estamos enfermos al igual que millones de personas alrededor del mundo, que nuestros cuerpos están estropeados y que la única manera de controlarlo es tomando medicamentos. Se nos coloca un sello de "depresivos". Otros campos, a través de terapias, retoman todos los hechos conflictivos que hayamos vivido en tiempos anteriores, y tratan de encontrar algún "culpable" de nuestra confusión. Determinadas filosofías nos convencen que Dios nos manda castigos para poder aprender y evolucionar, siendo éste es el destino del ser humano; y otras declaran que inevitablemente debemos enfrentar los "karmas" adquiridos en vidas pasadas.

Cada una de estas disciplinas, desde su punto de vista, están haciendo lo mejor que pueden para colaborar con la situación, y en muchos casos son efectivas; sin embargo, cuando no se generan soluciones permanentes, debemos, entonces, adoptar una posición diferente. Extender una hoja de papel en blanco, lista para ser impresa con una nueva imagen… una imagen más nítida y refrescante, con ideas que nos permitan entender nuestra naturaleza de un modo más práctico.

Empecemos por convencernos que, como todo lo que existe, somos "energía" y debemos tratarnos como tal. En la gran escala o espectro universal, se nos asigna una frecuencia de vibración individual; lo que nos convierte en seres únicos y especiales, con una conexión única y especial con el resto del universo. De hecho, estamos conformados por tres corrientes energéticas –física, mental y espiritual– que aunque coexisten, son independientes y nos brindan condiciones específicas para nuestro desarrollo. La corriente física o material es la que da vida al cuerpo y permite percibir las sensaciones que nos conectan con nuestro entorno. La corriente mental, le brinda al cerebro la materia prima para producir nuestros propios conceptos acerca del mundo físico; además, de ser la generadora de las emociones. Y la corriente espiritual, nos trae información mucho más compleja que la producida por la corriente mental, permitiéndonos experimentar raciocinios y emociones mucho más altruistas.

Ahora bien, cada una de estas corrientes debe mantener una frecuencia vibratoria determinada para que sus funciones se desempeñen apropiadamente; como un aparato de radio, cuando está en la frecuencia exacta, recibe toda la información de las emisoras en una forma limpia y clara. Igual, cuando nuestras corrientes energéticas están en sintonía, nuestro cuerpo se mantiene sano y vital, nuestra mente maneja la lógica y la concentración, nuestras emociones se mantienen en positivo, y nuestro espíritu logra la conexión con la sabiduría creadora. Pero, si por circunstancias diversas, las corrientes se de-sintonizan, entramos en un campo de estática y ruido, que va distorsionando dicha información. Nuestro cuerpo se va desprogramando; los sentidos se van entorpeciendo; el ritmo del corazón varía, la sangre, los fluidos y hormonas van mermando su volumen; nos sentimos pesados y en general la salud se deteriora. Mentalmente, vamos perdiendo el entendimiento lógico –lo que nos lleva a tomar decisiones erróneas en nuestro diario vivir; la memoria y concentración empiezan a fallar, y, en consecuencia, las emociones se van distorsionando. Por supuesto, cuando el cuerpo y la mente están tan salidos de su punto óptimo de frecuencia, la corriente espiritual no logra trabajar en nuestro cerebro; nos sentimos, entonces, perdidos y sin esperanzas, desconectados de la fuente de vida que inyecta la fuerza y el entendimiento para seguir viviendo.

¿Cómo podemos mantener nuestras tres corrientes en sintonización?

La respuesta es bastante simple: debemos crear hábitos con actividades sencillas y naturales, que el mismo universo nos ha puesto en frente desde el principio de los tiempos, y son las únicas capaces de estimular nuestra energía para llevarla de vuelta al estado original de armonía y equilibrio. Nuestro cuerpo, se debe estimular principalmente con ejercicios rítmicos y suaves (preferiblemente danza y natación); se debe exponer –con frecuencia y moderación– a elementos que activan la energía, como el sol, agua, naturaleza y una combinación apropiada de alimentos naturales. Nuestra mente debe estar expuesta, rutinariamente, a procesos lógicos, donde se efectúen pasos progresivos que originan un resultado integral; por ejemplo, actividades matemáticas, rompecabezas, pintura, escritura, música, manualidades o métodos como la *Radio-meditación* (la cual reprograma el cerebro con vibraciones positivas) para que las emociones se produzcan en positivo. Finalmente, cuando el cuerpo y la mente estén en línea, podemos brindarle a nuestro espíritu las condiciones propicias para su desarrollo, con prácticas de recogimiento y auto-comunicación.

Si nos convencemos del gran poder que tienen Dios y el resto del universo, no solo para mostrarnos qué aspectos están fallando en nuestras vidas, sino también para colocarnos en el camino adecuado de nuestro verdadero destino; no dudaríamos en retomar las "chiquilladas" que hacíamos de niños y en dejar fluir libremente la pasión de vivir que viene aferrada a nuestra esencia desde el día de nuestro nacimiento.

¡El Amor nunca se ha ido...
nunca ha llegado!

por Patricia Gaviria

No existe vocabulario suficiente para describir el *amor*, aunque casi todos podemos dar testimonio del regocijo que genera.

Uno de los estados más especiales, en la época de juventud, se da cuando por primera vez la mente se vuelve consciente de lo que el corazón experimenta. De repente, en el instante que estamos compartiendo con alguien, nuestro ser se transporta a un mundo de calma y equilibrio.

Es como si los sentidos comenzaran a flotar y a percibir aspectos nuevos. Nuestros ojos ven elementos hermosos que nunca habían visto... nuestros oídos captan armonías que antes no lográbamos escuchar... nuestra piel descubre sensaciones que jamás hubiéramos imaginado, y el corazón alberga una alegría difícil de sobrepasar.

"Buuhalaa... estamos enamorados".

Nuevamente comenzamos a entrar en el ambiente mágico de nuestra niñez. Con aspectos, que fluyen naturalmente, como ternura, espontaneidad, alegría, cordialidad, y cantidades de otros atributos que convierten cualquier relación sentimental en perfecta.

Y es que el *amor* es perfecto; sin embargo, cómo hemos los seres humanos distorsionado no sólo el sentido de éste, sino la manera en que lo vivimos.

Se nos olvida que "el *amor* es la fuerza más poderosa del universo"… es la energía o materia prima con que fue creado todo lo que existe, y es inherente a nuestra especie. Desde el instante que iniciamos la vida, somos, experimentamos e irradiamos esta elevada emoción. Y solamente tenemos que pensar en la imagen que proyecta un bebé recién nacido, para comprobarlo.

Infortunadamente, a medida que vamos creciendo, muchas costumbres, pensamientos y otros factores inapropiados nos van alejando y negando el placer de percibir lo que realmente somos. Y cuando conocemos a alguien que nos remonta de nuevo al dulce estado del *amor*, nos confundimos y pensamos que este *ser querido* es la fuente real de nuestro placer.

Así, el día que nuestra *media naranja* se aleja, bloqueamos toda esa corriente embrujadora y el estado acogedor en el cual habíamos entrado. Experimentamos un gran vacío que origina sentimientos muy opuestos, como tristeza, desasosiego, celos y hasta odio. Sentimos el impulso de buscar a la pareja y tratar de retenerla a cualquier costo, pues, supuestamente, su compañía nos llevará de vuelta a estar bien.

"El *amor*, se transforma en posesión".

Quizás, las cualidades que admiramos en el compañero(a) no las vemos en nuestra personalidad, y dudamos poder adquirirlas. Nos aferramos ciegamente, buscando seguridad y protección, con pavor de perder ese soporte.

"El *amor*, se convierte en dependencia".

O tal vez cuando nuestra auto-estima es tan baja, que no nos consideramos dignos de ser amados ni por nosotros mismos. Fácilmente nos volvemos marionetas de cualquiera que nos exprese cariño, así sea a costa de irrespeto o maltrato. Y el valor propio, que algún día tuvimos de niños, más bien queda a disposición del otro.

"El *amor*, se vuelve sombra".

Debemos entender que el *amor* no se adquiere, solamente se comparte: "Tú y yo nos enamoramos realmente, cuando dejo fluir el *amor* en mí y lo comparto con el *amor* que dejas fluir en ti". No hay posesión ni dependencia ni sombra, pues no existe el miedo de perder esta hermosa emoción que circula en nuestro interior y, jamás, nadie no la puede quitar.

A ninguna persona le podemos colocar el peso ni la responsabilidad de hacernos felices con su *amor*. Y mucho menos culparla si, algún día, su corazón ya no vibra al lado nuestro y decide tomar otro camino. Deleitémonos, entonces, con los recuerdos lindos compartidos, y no nos sumamos en la ausencia de algo que aún vibra en nuestra alma.

El *amor* fluye a través de todo lo que existe constantemente. Por ello debemos sentirnos enamorados de nosotros mismos… enamorados de alguien especial que con respeto y honestidad quiera compartir nuestra vida, así sea por un corto tiempo… hechizados por los niños, la familia, los amigos… seducidos por el aire, el sol, el agua, el viento.

Cuando somos conscientes del *amor real* y lo integramos en todos y cada uno de los aspectos de nuestro vivir, es cuando percibimos la conexión auténtica con la Energía Divina que dio origen a nuestro ser.

¡Aquella que nace con nosotros… vive en nosotros. Nunca se ha ido… nunca ha llegado!

Tu Opinión es Muy Importante

****

Si este libro fue de tu agrado, y ojalá un camino para crecer personalmente, anímate a compartir tu opinión… opinión supremamente valiosa, pues puede ayudar a muchísimas otras personas.

Escribe tu comentario constructivo para cualquiera de los libros de la autora, Patricia Gaviria, en la página de "Amazon":

www.amazon.com
Patricia Gaviria o Nombre de la obra

¡Mil gracias por tu apoyo!

Acerca de
Patricia Gaviria
✶✶✶✶✶✶✶✶✶✶✶✶✶

***Autora, Conferencista & Maestra de Crecimiento Personal.**

*Sus obras –en español, inglés y portugués– se mantienen en la lista de los Best-Sellers en la plataforma de Amazon.

*Acreditada por experiencias de vida, es un testimonio de lucha y superación en el campo de la Depresión.

*Reconocida con el Premio Internacional del Libro Latino 2015 en los Estados Unidos.

*Con un nuevo y transformador mensaje, Patricia, fundó el movimiento "Moviendo Energías / Moving Energies" en el 2004, para colaborar al desarrollo integral de la sociedad, a través de sus escritos, charlas, talleres, consultas y programas de Radio-Meditación & Sintonización Natural.

*Sus obras en Español:

-Volver a Ser Feliz… Venciendo la Depresión con el Cuerpo, la Mente y el Espíritu
-Lo Último en Tecnología Divina: Los Ajustadores de Pensamiento
-Efecto Radio-Antena... Sintonizando Nuestras Energías Física, Mental y Espiritual

*Sus obras en Inglés:

-Returning to Happiness... Overcoming Depression with Body, Mind, and Spirit
-Latest in Divine Technology: The Thought Adjusters

*Su obra en Portugués:

-Voltar a Ser Feliz... Vencendo a Depressão com o Corpo, a Mente e o Espírito

Para más información

www.gaviriapatricia.blogspot.com
moviendoenergias@outlook.com
www.amazon.com / *Patricia Gaviria*

"Efecto Radio-Antena... Sintonizando Nuestras Energías Física, Mental y Espiritual"

por Patricia Gaviria

¿Deseas conocer una nueva visión acerca de la real naturaleza humana?

¿Entender claramente las corrientes primarias universales que nos proporcionan un bienestar físico, mental, espiritual y emocional?

¿Identificar las herramientas, innatas y naturales, que poseemos para conectarnos con éstas energías positivas?

Si tus respuestas fueron afirmativas, te invito a leer este libro, basado en los conceptos adquiridos a través de una increíble experiencia propia.

En él expongo como, los humanos, somos seres de energía vibrando constantemente en un espacio individual de frecuencia que se nos asigna al nacer. Poseemos la particularidad de transmitir energía fuera de nuestro cuerpo, y, al mismo tiempo, recibir energías externas. Así, se crea un efecto, llamado Radio-Antena, que nos permite sintonizar las fuerzas positivas del universo, fundamentales para nuestro bienestar general. O, por el contrario, desconectarnos de ellas, e ir perdiendo toda la información básica que garantiza la continuidad de nuestra existencia.

Te felicito si aceptas el reto de explorar estas ideas, que, estoy segura, te darán la pauta para entender la vida de un modo refrescante y transformador.

Ordénalo en

www.amazon.com / *Patricia Gaviria*
www.gaviriapatricia.blogspot.com

"Lo Último en Tecnología Divina: Los Ajustadores de Pensamiento"

por Patricia Gaviria

* Obra corta e inspiradora basada en la experiencia extraordinaria de la autora.

Los "Ajustadores de Pensamiento" son la herramienta de material espiritual más poderosa que nos ofrece Dios para conectarnos con su fuerza y sabiduría. Con una de las tecnologías más altas del universo, actúan como mediadores en el diálogo interno que se puede generar entre cada ser humano y la energía creadora. Los Ajustadores son los mecanismos más efectivos para que evolucionemos mental y espiritualmente, permitiendo que recorramos el destino verdadero que ha sido preparado para cada uno de nosotros desde el día de nuestro nacimiento.

Ordénalo en

www.amazon.com / *Patricia Gaviria*
www.gaviriapatricia.blogspot.com

Made in the USA
Columbia, SC
21 December 2019

85691034R00069